從一國歷史
預視世界
的動向

極簡

東歐史

閔真興
Seki Shinkoh

楓樹林

民族、語言、宗教錯綜複雜的東歐

二〇二二年二月，俄軍侵攻烏克蘭東部的消息傳遍了世界各地，在此後連日的新聞報導上都會時不時出現東歐的地圖，應該讓很多人對這個地區的特殊情況產生了興趣。

在二十世紀末以前，俄羅斯和烏克蘭、白俄羅斯原本是一國，同屬於蘇維埃聯邦（蘇聯）。另外，波蘭、匈牙利等東歐各國也以蘇聯為中心，組成了華沙公約組織和經濟互助委員會，在軍事和經濟上都有密切的關係。儘管如此，為什麼到了二十一世紀還會發生如此艱難的困境呢？

我們必須先了解東歐特有的多元民族、語言、宗教等錯綜複雜的歷史，才能找到答案。希望這本書不只能幫助各位認識東歐，也能理解包含日本在內的國際情勢。

関真興

歷史冷知識！

東歐的4大祕密

這些意想不到的史實，就要介紹給初次接觸東歐史的你！

Secret 1

立陶宛的領土原本很遼闊!?

立陶宛在14世紀下半葉和波蘭成立共主邦聯以後，曾對抗過條頓騎士團，在15世紀也與伊凡四世率領的俄羅斯長年抗戰，是一大強國。所以當時立陶宛擁有的領土比波蘭和匈牙利都要廣闊。

→詳情參照56頁

Secret 2

波蘭慘遭瓜分3次，還曾經亡國！

波蘭分別在1772年、1793年、1795年三度遭到俄羅斯、普魯士、奧地利瓜分領土。領土隨著每一次瓜分而縮小，第三次甚至失去了所有領土而滅亡。

→詳情參照95、98頁

Secret 3

賣牛商人起義叛亂？

1804年在鄂圖曼帝國統治下的塞爾維亞，有一名賣牛商人卡拉喬爾傑領軍起義。這場叛亂使得塞爾維亞獨立運動興起，在1830年成功以塞爾維亞公國之名獲得自治權。

絕不容許
鄂圖曼帝國暴政！

→詳情參照134頁

Secret 4

有個建國133天就滅亡的國家

匈牙利在1919年由共產黨執政時，成立了匈牙利蘇維埃共和國，但由於地主和資本家無法接受新政策，加上捷克斯洛伐克和羅馬尼亞等國入侵，導致國家只維持了133天即覆滅。

結果失敗了

→詳情參照175頁

接下來，我們就來探索東歐史吧！

目錄

chapter 4 邁向獨立之路

chapter 5 第一次世界大戰

科學文化宮
（波蘭）

chapter 6 第二次世界大戰

chapter 7 冷戰時期的東歐

chapter 8 東歐的現況

車諾比核電廠（烏克蘭）
1986年4月，這座核電廠的四號機發生爆炸意外，放射性物質擴散造成嚴重的傷害。現在外圍已由鋼筋混凝土建造的「石棺」包圍，並加蓋一層鋼鐵防護罩，核電廠半徑30公里內禁止進入。

祕密專欄

序章

東歐在哪裡？

這本書要介紹的，是從古代到現代的東歐歷史。

不過，東歐究竟是指哪裡呢？其實，「東歐國家」的定義並沒有一個統一的見解。日語辭典《廣辭苑》（第七版）的釋義如下：

【東歐】

歐洲東部。第二次世界大戰後，國際政治上與西歐各國對立的波蘭、捷克斯洛伐克、羅馬尼亞、匈牙利、保加利亞、南斯拉夫、阿爾巴尼亞所在地區的政治性名稱。德國統一前，東德亦包含於東歐範圍內。一九八〇年代末期後，在快速民主化的過程中，作為歷史及地理名稱的中歐與巴爾幹概念又再度復甦。↔西歐

普遍來說，只要像右邊的釋義一樣理解成「歐洲的東部地區」就行了，不過本書為了讓大家更容易了解，特此將東歐定義如下。

歐亞大陸中部俄羅斯境內的烏拉山脈以西，都稱為歐洲。歐洲又因廣大的民族分布，分為下列四個區域：

- 南歐：以拉丁人為中心的義大利、西班牙等國。
- 西歐：以日耳曼人為中心的德國、法國等國。
- 北歐：以北日耳曼人（諾曼人）為中心的瑞典、芬蘭等國。
- 東歐：以斯拉夫人為中心的俄羅斯、波蘭等國。

從現代地圖來看，東歐的東西範圍是德國、奧地利、義大利以東，俄羅斯以西，南北範圍是波羅的海以南，希臘以北。各位只要參照下一頁的地圖，應該就能建立起概念。黑海西邊的喬治亞、亞美尼亞、亞塞拜然這「高加索三國」，在地理上並不屬於歐洲，而是劃分為西亞的範圍。

本書提及的東歐國家

波蘭	
總面積	32.2 萬㎢
總人口	約 3801 萬人 （2022 年 4 月 波蘭中央統計局）
首都	華沙

愛沙尼亞	
總面積	約 4.5 萬㎢
總人口	約 133 萬人 （2021 年）
首都	塔林

白俄羅斯	
總面積	約 20 萬 7600 萬㎢
總人口	約 926 萬人 2022 年 白俄羅斯共和國國家統計委員會）
首都	明斯克

立陶宛	
總面積	約 6.5 萬㎢
總人口	約 281.1 萬人 （2021 年 1 月 立陶宛統計局）
首都	維爾紐斯

拉脫維亞	
總面積	約 6.5 萬㎢
總人口	約 189 萬人 （2021 年 1 月現在 中央統計局）
首都	里加

捷克	
總面積	7 萬 8866k㎡
總人口	1051 萬人（2022年3月末 捷克統計局）
首都	布拉格

斯洛伐克	
總面積	約 4 萬 9037 萬k㎡
總人口	545 萬人（2021年 斯洛伐克統計局）
首都	布拉提斯拉瓦

烏克蘭	
總面積	60 萬 3,700k㎡
總人口	4159萬人（不含克里米亞）（2021年 烏克蘭國家統計局）
首都	基輔

摩爾多瓦	
總面積	約 3 萬 3843k㎡
總人口	264 萬人（2020年 摩爾多瓦國家統計局，不含聶斯特河沿岸居民）
首都	奇西瑙

羅馬尼亞	
總面積	約 23.8 萬k㎡
總人口	約 1941 萬人（2019年）
首都	布加勒斯特

匈牙利	
總面積	約 9.3 萬k㎡
總人口	約970萬人（2021年 中央統計局）
首都	布達佩斯

波士尼亞與赫塞哥維納	
總面積	約 5.1 萬k㎡
總人口	326萬3000人（2021年 世界銀行）
首都	塞拉耶佛

克羅埃西亞	
總面積	約 5 萬 6594k㎡
總人口	約406.8萬人（2019年 克羅埃西亞政府統計局）
首都	札格瑞布

斯洛維尼亞	
總面積	約 2 萬 273k㎡
總人口	約210萬人（2020年 世界銀行）
首都	盧比安納

蒙特內哥羅	
總面積	約 1 萬 3812k㎡
總人口	62萬人（2020年 蒙特內哥羅統計局）
首都	波德里查

保加利亞	
總面積	11.09 萬k㎡
總人口	693萬人（2020年 世界銀行）
首都	索菲亞

塞爾維亞	
總面積	約 7 萬 7474k㎡
總人口	約693萬人（2020年 塞爾維亞統計局）
首都	貝爾格勒

阿爾巴尼亞	
總面積	約 2 萬 8700k㎡
總人口	約284萬人（2021年 阿爾巴尼亞統計局）
首都	地拉那

北馬其頓	
總面積	約 2 萬 5713k㎡
總人口	約208萬人（2020年 世界銀行）
首都	史高比耶

科索沃	
總面積	1 萬 908k㎡
總人口	178萬人（2020年 世界銀行）
首都	普里斯提納

※ 以上皆引用自日本外務省資料

接下來就來簡單介紹本書出現的東歐國家。

現在的東歐，是由各種文字、語言、宗教跨越國界交織而成。為了讓大家更容易了解，這裡根據民族和歷史的脈絡，將東歐分成下列四個地區。

・非斯拉夫人較多的地區

東歐的民族結構非常複雜，大致可以分成斯拉夫人與非斯拉夫人。非斯拉夫人較多的區域，包含了匈牙利、羅馬尼亞、保加利亞、摩爾多瓦。

・斯拉夫人較多的地區中，與俄羅斯關係密切的東部

這個地區過去隸屬於俄羅斯帝國和蘇維埃聯邦，現正廣受國際矚目，包含烏克蘭、白俄羅斯，波羅的海三國當中的拉脫維亞、立陶宛也是使用與東斯拉夫語支有許多共同點的波羅的語族。

・斯拉夫人較多的地區中，與西歐關係密切的西部

這個地區與德國、奧地利等西歐各國的關係較為密切，包含波蘭、捷克、斯洛伐克。

・斯拉夫人較多的地區中，位於巴爾幹半島（南部）
即巴爾幹半島上的各個國家。過去這裡有個國家叫作南斯拉夫，包含現在的斯洛維尼亞、克羅埃西亞、波士尼亞與赫塞哥維納、塞爾維亞、科索沃、蒙特內哥羅、北馬其頓，另外還有阿爾巴尼亞。

東歐的範圍廣大，氣候水土也不盡相同。大致來說，從西到東、由南到北的平均氣溫會越來越低，山區的降水量也比遼闊的平原地帶要多。

從緯度來看，位置比北海道稚內更北方的波羅的海三國、波蘭東部、捷克、斯洛伐克、匈牙利、烏克蘭內陸地區，都屬於濕潤大陸性氣候，全年均溫偏低，冬季會到零度以下，山區經常降下大雪。

波蘭西部和多瑙河流域，和英國、法國、德國同屬於大陸西岸海洋性氣候，冬季均溫雖然會來到零度以下，但夏季氣溫偏高，不易降雨和降雪。

緯度幾乎與北海道相同的亞得里亞海與黑海沿岸地區，屬於地中海型氣候，全年雨量偏少，夏季會進入無雨的「乾季」，均溫也偏高。

開場白有點太長了，現在我們馬上來看東歐的起源吧。

東歐人大約是在數十萬年前開始定居於這個地區，但是並沒有留下任何接觸文明以前的紀錄，所以確切的起源不詳。

西元前三千年左右，烏拉山脈到喀爾巴阡山脈以南的廣大平原，開始有斯拉夫人的祖先定居。現在遭到俄羅斯侵略的烏克蘭，可以說是東歐的發祥地之一。從此以後，這群人的居住範圍便開始往西、往南拓展。

西元前一千年，希臘人往北擴張，建立了殖民地，希臘文明也因此傳到了巴爾幹半島。之後，義大利半島出現了城邦國家，其中由拉丁人建立的羅馬，發展成為古羅馬帝國。到了二世紀，古羅馬帝國掌控了巴爾幹半島的部分地區，勢力延伸至多瑙河南部。

往後，多瑙河南岸地區陸續成為帝國的行省（羅馬本國以外的領土）。

chapter 1

各國的起源

民族的遷徙

古羅馬帝國當年統治了非洲大陸和現在英國所在的不列顛群島，卻始終無法拓展到萊茵河東方。

萊茵河東方稱作日耳曼尼亞，當地住著日耳曼人。流經日耳曼尼亞東邊的維斯瓦河與聶伯河上游地區，也就是現在的波蘭、白俄羅斯、烏克蘭西部一帶，是斯拉夫人的原住地。斯拉夫人從事農業、畜牧、漁業、養蜂，人口逐漸增加。

從二世紀開始，日耳曼人（哥德人）進入斯拉夫人的居住地區。到四世紀以後，日耳曼人遭到住在東方的亞裔匈人襲擊，開始往西遷徙，斯拉夫人也受到影響而擴散至東歐

斯拉夫人的3個分支

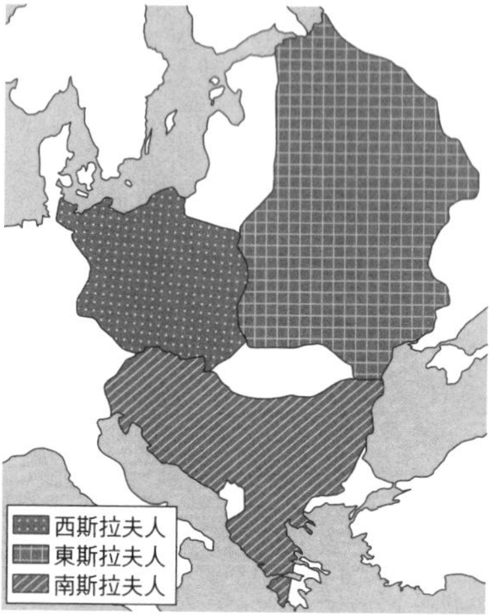

各地。

到了七世紀，斯拉夫人因為語言和文化的差異，而分成西斯拉夫人（波蘭、捷克等）、東斯拉夫人（俄羅斯、烏克蘭等）、南斯拉夫人（塞爾維亞、保加利亞、阿爾巴尼亞等巴爾幹半島周邊）這三個分支。

東羅馬帝國與日耳曼人

羅馬帝國在四世紀因為內亂而分裂成東西二國，西羅馬帝國在五世紀遭到日耳曼人消滅。以君士坦丁堡（現在的伊斯坦堡）為首都的東羅馬帝國（拜占庭帝國），則是一直延續到十五世紀。

之後，日耳曼人在西歐建立的法蘭克王國於九世紀分裂成三個國家，其中的東法蘭克王國後來被稱作神聖羅馬帝國，即是現在德國的雛型，皇帝是由上級貴族選帝侯透過選舉來選任。

雖然兩個帝國都信仰基督教，但神聖羅馬帝國是天主教會，東羅馬帝國則是東（希臘）正教會，教義和組織都不同。

東歐的西斯拉夫人國家信仰天主教，南斯拉夫人國家則有東正教文化普及，東斯拉夫人國家則受到北方諾曼人與來自亞洲的蒙古人影響，三支民族因此分別發展出各自獨特的歷史。

那我們就先從西斯拉夫開始依序認識東歐的各個地區吧。

波蘭建國

代表西斯拉夫人的國家是波蘭。現代波蘭所在的地區缺乏十世紀以前的史料，目前只知道從五世紀到七世紀有西波里安人居住於此地，這就是國名的由來。

十世紀下半葉，西波里安人的權貴梅什科一世（Mieszko I）整合了各個勢力，開創皮雅斯特王朝，信奉天主教；但因為反覆與鄰近的神聖羅馬帝國、波希米亞、俄羅斯

（基輔羅斯）敵對和結盟，導致遲遲無法成為統一國家。

到了十二世紀，德意志諸侯（有力貴族）和農民移居易北河東部（東向移民），德國傳教士和工匠將技術傳給了波蘭人。東歐當中受德國影響最深的西斯拉夫人，從此與深受東羅馬帝國文化影響的巴爾幹半島南斯拉夫人分裂。

阿瓦爾人和薩莫王國

匈牙利位於現在波蘭南方的捷克與斯洛伐克以南，起源稍微複雜了一點。

六世紀上半葉，來自中亞的遊牧民族阿瓦爾人，遷徙到了現在的匈牙利一帶。他們消滅原本住在當地的格皮德人，建立了新國家、統治周邊的西斯拉夫人。

阿瓦爾人在七世紀與東羅馬帝國交戰敗北後便逐漸沒落，西斯拉夫的捷克人和斯洛伐克人趁勢擁立法蘭克商人薩莫（Samo）為王，建立了「薩莫王國」。這是斯拉夫人建立的第一個國家。薩莫王國與法蘭克王國為敵，在薩莫死後，東羅馬帝國被迫與伊斯蘭勢力交戰，而趁機復興的阿瓦爾人便消滅了薩莫王國。

到了八世紀末，法蘭克王國攻打阿瓦爾人，勢力再度衰退的阿瓦爾人之後與來自東方的馬扎爾人（匈牙利人）逐漸同化，從此消失在歷史上。

大摩拉維亞公國和西里爾字母

法蘭克王國攻打阿瓦爾人後繼續東進。西斯拉夫人為了對抗來勢洶洶的法蘭克王國，於八二〇年建立了大摩拉維亞公國。摩拉維亞是現在捷克與斯洛伐克邊界的地名，領土大到甚至涵蓋了現在匈牙利和波蘭的一部分。

大摩拉維亞公國為了對抗信奉天主教的法蘭克王國，而與信奉希臘正教的東羅馬帝國深入建交。

九世紀中葉，希臘正教的傳教士基里爾（Κύριλλος）和美多德（Μεθόδιος）受邀前往大摩拉維亞公國，他們為了向斯拉夫人傳教而發明了格拉哥里字母。這就是現在東歐使用的西里爾字母雛型。但是在大摩拉維亞公國，卻是天主教更加普及。

後來，大摩拉維亞公國遭到南方的馬扎爾人入侵，從此逐漸衰亡。

大摩拉維亞公國

波希米亞王國成立

到了九世紀下半葉，捷克人大多擺脫了大摩拉維亞公國的統治。以布拉格為根據地的普熱米斯爾家族，在波希米亞坐擁了龐大勢力。

十世紀下半葉，波希米亞併吞了大摩拉維亞

公國，並且和匈牙利、波蘭交戰。普熱米斯爾家成為神聖羅馬帝國的諸侯，成功借助帝國權威實行中央集權統治。十二世紀，奧托卡一世（Přemysl Ottokar I）獲得神聖羅馬帝國皇帝加冕為王，成立波希米亞王國。

德國神職人員、商人、工匠、農民、礦工陸續移民至波希米亞王國，人口因此增加。由於該地人口稀少，所以捷克人十分歡迎德國人入住。

而住在大摩拉維亞公國東部的斯洛伐克人，則是受到匈牙利統治。來自西方的德國人後來也進駐了大摩拉維亞公國，但是與波希米亞相比，德國文化對當地的影響並沒有那麼大。

匈牙利王國建國

接下來，我們來看與波希米亞建國也有關聯的遊牧民族馬扎爾人。

九世紀，馬扎爾人開始居住於喀爾巴阡山脈西方的潘諾尼亞平原（現在的匈牙利）。

到了九世紀末，馬扎爾人的阿爾帕德（Árpád）統一了鬆散部落，並建立阿爾帕德王朝。

馬扎爾人繼續往西擴張勢力，但在九五五年的第二次萊希菲爾德之戰中敗給東法蘭克國王鄂圖一世（Otto I）。此後，馬扎爾人放棄遊牧生活，開始定居並建立以農業為主的國家。

阿爾帕德王朝的史蒂芬一世（I. István）於一〇〇〇年受洗成為天主教徒，並獲得羅馬教宗加冕為匈牙利國王，匈牙利王國因此成立。

在史蒂芬一世的時代，匈牙利王國併吞了斯洛伐克，並統治南方的克羅埃西亞。於是，馬扎爾人便與斯拉夫人共存、逐漸成為東歐各國的一員。

而從這個時候開始，人口慢慢聚集在多瑙河畔都市布達，當地作為樞紐開始繁榮發展。對岸的佩斯也在同一時期開始興建都市。

從奧斯特馬克到奧地利

斯拉夫民族建立的國家陸續興起，勢力範圍逐漸擴大，讓日耳曼人的法蘭克王國產生了危機意識。七九六年，統治法蘭克王國的查理曼（Charlemagne）在本國東部設立了奧斯特馬克（東部邊疆區），作為防範斯拉夫人入侵的據點。

當時的日本

在藤原忠平就任攝政與關白的969（安和2）年，醍醐天皇的皇子、左大臣源高明因密謀奪取皇位繼承權而遭到流放（安和之變）。這起事件鞏固了藤原氏的地位，開啟由藤原氏壟斷攝政及關白職位的攝關政治。

雖然奧斯特馬克最終沒能阻擋馬扎爾人侵略、在九〇七年瓦解，不過鄂圖一世擊退馬扎爾人後，鄂圖二世（Otto II）重建奧斯特馬克，後來便輾轉開始稱奧地利。

匈牙利與東羅馬帝國的對立和友好

匈牙利的第一位國王史蒂芬一世在一〇三八年去世後，國內發生了權力鬥爭，動盪數十年。在這場內亂當中，曾有國王借神聖羅馬帝國之力即位，使匈牙利一度成為神聖羅馬帝國的屬國。

一〇七七年，羅馬教宗與神聖羅馬皇帝因為神職人員的任命權而發生衝突（敘任權鬥爭），匈牙利國王因支持教宗，讓匈牙利王國得以擺脫神聖羅馬帝國的掌控。

但是，接下來匈牙利又與企圖占領克羅埃西亞的東羅馬帝國對立，雙方爭奪巴爾幹半島。此後長達百年，匈牙利王國與東羅馬帝國處於時而交戰、時而和平的局面。十二世紀下半葉即位的貝拉三世（III. Béla）戰勝東羅馬帝國後，藉由與周邊各國結盟來拓展勢力，建立了匈牙利王國的全盛時期。

東羅馬帝國與保加利亞

保加利亞的國名源自於保加爾人。他們原本是黑海北岸的亞洲遊牧民族，於七世紀下半葉移居多瑙河下游，與東羅馬帝國交戰後，獲准正式定居於巴爾幹山脈的北部，於是在此建立了國家保加利亞。

同一時期，斯拉夫人也遷徙到了巴爾幹半島。保加爾人起初統治了斯拉夫人，但由於人口極為稀少，最終還是與斯拉夫人同化。

在九世紀末即位的西美昂一世（Симеон I

東羅馬帝國的疆域（10世紀末～12世紀）

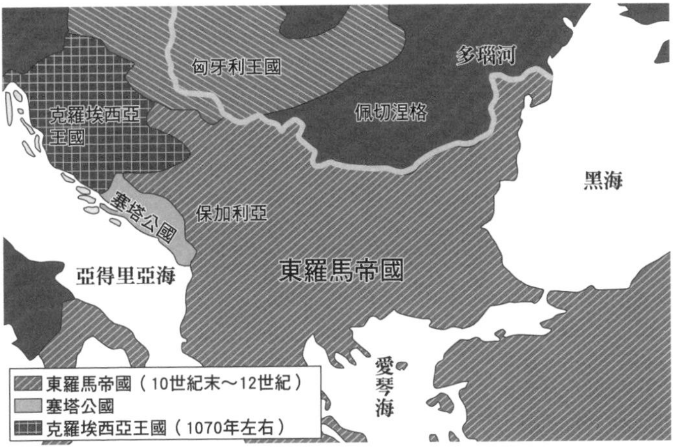

Велики）的時代，保加利亞的領土從黑海擴張到亞里得亞海，與東羅馬帝國和法蘭克王國對立。

九一三年，西美昂一世攻進東羅馬帝國首都君士坦丁堡，獲得保加利亞皇帝的稱號，國家升格成為保加利亞帝國。

保加利亞帝國此後也因領土紛爭而與東羅馬帝國交戰，最終於十一世紀初覆滅。因此，消滅保加利亞帝國的東羅馬皇帝巴西爾二世（Βασίλειος Β΄），便有了「保加爾人屠夫」的綽號。

保加利亞第二帝國

受到東羅馬帝國統治的保加利亞人，在十一世紀下半葉迎來了轉機。伊斯蘭教國家土耳其塞爾柱王朝進軍西亞，占領了耶路撒冷。耶路撒冷不僅是穆斯林的聖地，也是天主教徒的聖地。

羅馬教宗因此號召天主教國家奪回耶路撒冷，多次發起遠征。這支遠征部隊即是十字軍。十字軍與伊斯蘭軍的戰爭導致西亞動盪不安，讓東羅馬帝國無暇顧及巴爾幹半島。在動盪持續多年後，到了十二世紀下半葉，保加利亞第二帝國終於成立。

在十三世紀初，東羅馬帝國一度滅亡後，保加利亞帝國邁向了鼎盛期。

保加利亞北方的羅馬尼亞，拉丁語稱作Romania，意即「羅馬人的國家」。他們不同於其他東歐國家，使用的是拉丁語。

二世紀初，羅馬帝國皇帝圖拉真（Trajanus）征服了達契亞（多瑙河下游北部）。羅馬人移居達契亞後，讓原住民達契亞人逐漸熟悉羅馬文化，往後他們便形成了自己是羅馬人後代的民族意識。

不過到了七世紀以後，保加利亞帝國併吞了達契亞；十一世紀，亞洲遊牧民族庫曼人在此建國，因此羅馬尼亞人（達契亞人）暫時未能建立自己的國家。

介於神聖羅馬帝國和東羅馬帝國之間

巴爾幹半島西北部，現在是斯洛維尼亞和克羅埃西亞。這片土地在八世紀到九世紀期間，是東羅馬帝國與法蘭克王國（東法蘭克王國）對立的地方。

在八世紀成為法蘭克王國屬地的斯洛維尼亞，從九世紀開始信奉天主教，十世紀以後改由神聖羅馬帝國統治，文化也逐漸廣泛滲透。不過，斯洛維尼亞人的天主教神職人員仍然使用斯洛維尼亞語，所以並沒有同化。

另一方面，克羅埃西亞原本由法蘭克王國統治，之後由東羅馬帝國取而代之。九世紀

11世紀·12世紀匈牙利和克羅埃西亞的關係

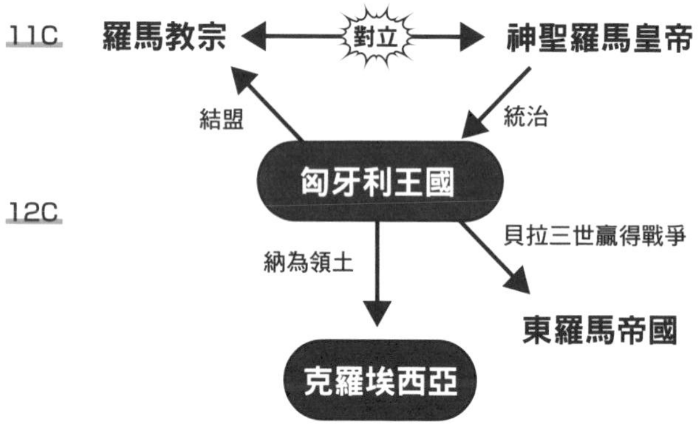

以後，兩個大國勢力衰退，克羅埃西亞開始拉攏羅馬教宗，才獲得王國的地位。不過到了十一世紀末，克羅埃西亞國內發生王位繼承權之爭，讓匈牙利有機可趁，十二世紀便成了匈牙利的附庸。從此以後，克羅埃西亞便在神聖羅馬帝國的勢力下，進入由匈牙利國王兼任國王的時代。

住在「黑山」的人

現在的巴爾幹半島中南部是塞爾維亞和蒙特內哥羅。塞爾維亞人是在七世紀左右從北方遷徙而來。蒙特內哥羅原本是塞爾維亞人的分支，定居於塞爾維亞邊境的山區。蒙特內哥羅這個名稱，在義大利威尼斯方言中的意思是「黑山」。相傳威尼斯人在天候惡劣的時候，看見蒙特內哥羅山區總是一片黑暗，所以才開始有了這個稱呼。

八世紀以後，巴爾幹半島南部成為保加利亞帝國和東羅馬帝國的勢力範圍，希臘正教普及。

十一世紀左右，塞爾維亞王國成立，領土逐漸往南北向擴張。不過到了十二世紀，東羅馬帝國占領了現在的波士尼亞與赫塞哥維納一帶，這個地區從此便由匈牙利統治。

位於蒙特內哥羅西北方的杜布羅夫尼克，則是從十二世紀開始就是貿易繁榮的港都，和東羅馬帝國與匈牙利都是友邦，始終保持獨立。

白色土地阿爾巴尼亞

現在的阿爾巴尼亞與蒙特內哥羅、塞爾維亞、馬其頓、希臘等國家接壤，從以前就有非斯拉夫人的民族在此定居。阿爾巴尼亞人的起源，是原住民伊利里亞人。阿爾巴尼亞自羅馬持續擴張的西元前三世紀開始，一直都位處於貿易路線上，所以也曾受到東羅馬帝國統治。

阿爾巴尼亞這個名稱的意思是「白色土地」，據說是在十一世紀，羅馬人發現當地的土壤是顯白的石灰質，才以此稱之。阿爾巴尼亞人則是自稱為shqip（鵰），或是shqiptar（理解語言的人）。

基輔大公國

最後，我們來看東斯拉夫。這個地區的中心是俄羅斯，俄羅斯人最早的起源，始於斯拉夫人與九世紀從斯堪地那維亞半島南下而來的諾曼人（瓦良格人）的交流。

諾曼人從波羅的海（芬蘭灣）與連接內陸的城市諾夫哥羅德，通過現在的基輔前往黑海，與東羅馬帝國頻繁貿易。

八八二年，來到基輔的諾曼人奧列格（Олег Вещий）以當地為據點，成立了基輔大公國。直到十世紀下半葉弗拉基米爾一世（Владимир I）大公統治期間，國家基礎才終於鞏固。弗拉基米爾一世武力鎮壓了周邊的斯拉夫人勢力，迎娶東羅馬皇帝巴西爾二世的妹妹作為王妃，藉此提升了權威，並將希臘正教定為國教。

弗拉基米爾一世的兒子雅羅斯拉夫（Ярослав I）大公則是更進一步擴張領土，基輔大公國在十一世紀迎向全盛時期。之後，勢力壯大的諸侯國紛紛獨立，導致基輔大公國分裂。十二世紀下半葉，諸侯國的其中之一、弗拉基米爾大公國勢力日漸強盛。

弗拉基米爾大公國實施了農奴制，剝奪農民的自由、迫使

當時的日本

擊敗平氏、開創鎌倉幕府的源賴朝，在1198（建久9）年12月27日前去參與相模川橋供養儀式，在歸途中墜馬重傷，從此臥床不起，於翌年1月13日去世。賴朝之子賴家因此繼任為第二代將軍。不過，亦有傳聞賴朝其實是死於暗殺。

他們為地主耕作，然而農業產量依舊萎靡不振，加上義大利商人奪走了地中海貿易的主導權，導致貿易活動也因此衰退。結果，位於現在俄羅斯東部及烏克蘭的基輔羅斯（十世紀～十二世紀以基輔為中心的俄羅斯）範圍內的城市，便逐漸沒落。

波羅的海三國的起源

波羅的海東岸由北到南，依序是愛沙尼亞、拉脫維亞和立陶宛，一般統稱為波羅的海三國。

愛沙尼亞人和北方的芬蘭人、匈牙利的馬扎爾人同樣源自中亞，從八世紀開始在波羅的海沿岸北部獨立建立社會。

拉脫維亞當地從西元前一世紀開始就有利伏尼亞人定居，當時的地名是利伏尼亞。之後受到匈人和斯拉夫人遷徙的影響，拉脫維亞人與立陶宛人從南方移居而來。在十二世紀，瑞典和丹麥的勢力也延伸到了拉脫維亞和立陶宛。

這三國在當時都尚未統一成國家，只是各個民族群聚生活在一起。

條頓騎士團與波蘭

前面所談到的東歐國家，從十三世紀以後就都深受兩大勢力影響。其中之一就是條頓騎士團。

十一世紀下半葉，對抗穆斯林的十字軍成立後，支援十字軍的條頓騎士團也隨之成立，並且在十三世紀進軍東歐。

東歐最先接納條頓騎士團的是匈牙利。但由於條頓騎士團打算將據點設在外西凡尼亞（現在的羅馬尼亞中部到北部），激怒了匈牙利國王，因而遭到驅逐。

後續招攬條頓騎士團的是波蘭的馬佐夫舍（Mazowsze）公爵。他請求騎士團征討住在維斯瓦河下游的異教徒普魯士人。征討成功的騎士團，在神聖羅馬皇帝和羅馬教宗的應允下，獲准領有普魯士人的土地。此時，利伏尼亞當地成立了寶劍（利伏尼亞）騎士團，條頓騎士團將其併入麾下，勢力因此更加壯大。

韃靼桎梏

另一股造成東歐劇變的勢力，就是蒙古。

在政治和經濟上都裹足不前的俄羅斯，到了十三世紀初開始激烈動盪。統一了蒙古高原的成吉思汗去世後，其子窩闊台繼任為大汗。奉窩闊台之命遠征歐洲的拔都率軍跨越了烏拉山脈，進攻歐洲。

東歐各國與蒙古軍的第一場對決，是一二二三年的迦勒迦河之戰。蒙古軍輾壓基輔羅斯各國聯軍，拔都甚至在一二三七年占領莫斯科、一二四〇年占領基輔。

在翌年的萊格尼察戰役中，拔都大破波蘭匈牙利聯軍，但因窩闊台汗駕崩而率軍折返，並在歸國途中的裏海北方建立了以薩萊為首都的欽察汗國。基輔羅斯成為蒙古帝國的藩屬，被迫繳納穀物和毛皮作為賦稅。

後代的俄羅斯人，將這段蒙古殖民的歷史稱作「韃靼桎梏」。韃靼是指蒙古人，桎梏則是人類用來操控牛馬的束具，意指蒙古人的暴政統治。

涅瓦河英雄

基輔羅斯因為遭到蒙古征服而瓦解，此後的史料便將這個地區標記為俄羅斯。

俄羅斯構思了兩個抗戰策略。一個是與進軍波蘭的條頓騎士團合作，一起共同對抗蒙古，但是贊成的人非常

13世紀的蒙古疆域

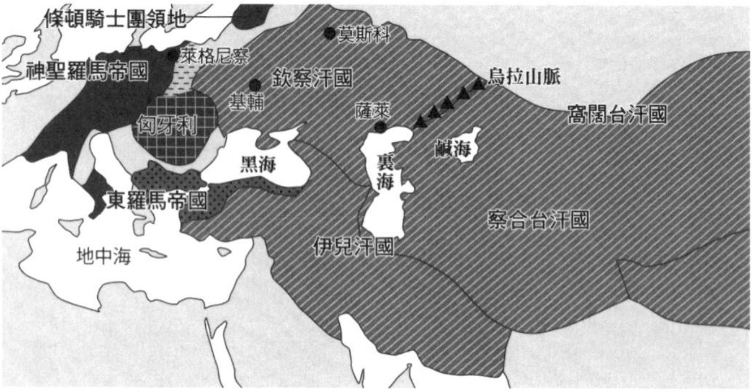

少，而且他們實際上也沒有受到騎士團幫助。

另一個策略，是將東方的蒙古和西方的條頓騎士團都視為敵人，接受蒙古的統治，同時保衛自己的領土以防條頓騎士團來襲。

強勢主張後者的諾夫哥羅德大公亞歷山大（Александр Невский），於一二四〇年夏天在涅瓦河畔擊潰了瑞典軍，從此被稱為亞歷山大·涅夫斯基。涅夫斯基的意思是「涅瓦河的」。一二四二年，他又在楚德湖的冰面上打敗條頓騎士團。

他對欽察汗國是採取臣服的立場，藉此阻止俄羅斯人編入蒙古軍隊、讓俄羅斯諸侯獲得徵稅的權利，力圖挽救國力。

蒙古人的統治一直延續到十四世紀，一三八〇年，莫斯科大公德米特里（**Дми́трий До́нской**）率軍在頓河流域的庫里科沃，擊敗欽察汗國的蒙古軍。然而，莫斯科大公等俄羅斯諸侯基本上仍採取臣服蒙古的立場，於是蒙古的統治又延續了一個世紀。

蒙古軍入侵波蘭

在條頓騎士團擴張領土的同時，擊敗俄羅斯（基輔羅斯）的蒙古軍正逼近波蘭。波蘭遭到侵略的原因，在於黑海北岸的突厥遊牧民族庫曼人。十一世紀從中亞遷徙而來的庫曼人驍勇善戰，對東歐各國是一大威脅；但是另一方面，若能與之結盟，他們就會是有益的友軍。

一二二三年，庫曼人與俄羅斯結盟對抗蒙古，但以戰敗收場。無處容身的庫曼人向波蘭與匈牙利尋求庇護，於是追擊而來的蒙古軍便攻進了波蘭。

在一二四一年的萊格尼察戰役中，德國波蘭聯軍敗給蒙古軍，所有城市都遭到破壞肆虐。但蒙古軍並沒有占領波蘭，而是直接南下進攻匈牙利。於是匈牙利決定派出庫曼人作為對抗蒙古的前線軍隊。

蒂薩河之戰

在蒙古軍逼近匈牙利，阿爾帕德王朝時任國王貝拉四世（IV.Béla）試圖強化王權，但諸侯卻無人願意協助作戰。一二四一年，貝拉四世在蒂薩河之戰中敗給蒙古，不得不將部分領土割讓給奧地利以換取庇護。匈牙利的城市遭到蒙古軍劫掠，但最後蒙古軍因為窩闊台汗猝逝而撤退，讓匈牙利得以逃過蒙古的統治。重掌王權的貝拉四世重建了曾經荒

當時的日本

曾經侵略東歐的蒙古帝國，在1274年和1281年也曾兩度進攻日本，但都以失敗收場（文永、弘安之役）。到了14世紀，被稱作倭寇的日本海盜則是進犯蒙古帝國統治的中國大陸和朝鮮半島沿岸，經常與當地勢力爭鬥。

廢的國土，並收復割讓給奧地利的失土，計劃奪得波希米亞的領土。

一三〇一年，阿爾帕德王朝斷絕後，周邊各國爭奪匈牙利王位繼承權，局勢變得動盪不安。最後是透過諸侯選舉，在一三〇八年選出拿坡里王國的王子查理（I. Károly）即位為王，開創了匈牙利安茹王朝，並與波蘭的卡齊米日三世（Kazimierz III）結盟。之後，查理的兒子拉約什一世（I. Lajos）繼位，強化對貴族和農民的統治、壯大國力，並征服了巴爾幹半島北部。

雅蓋隆王朝成立

蒙古的威脅消失以後，波蘭效仿條頓騎士團的統治策略，推動以農業立國。

十四世紀以前的波蘭，經濟發展比波希米亞落後，不過到了一三三三年卡齊米日三世即位後，便開始實施發展農業與商業的政策。

卡齊米日三世請德國人來開墾農地，逐步興建道路和橋樑。除了德國人以外，他也積極招攬猶太人。

猶太人是在古代居住於中東以色列周邊的猶太教徒後代，這個時期大多移居德國和東歐。猶太人雖然曾受到基督教徒迫害，不過仍活躍於商業、醫療、手工業等領域。

雅蓋隆王朝成立前的系譜

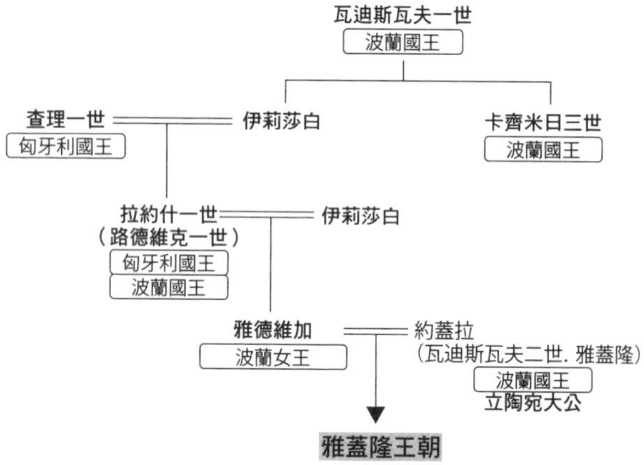

卡齊米日三世制訂法律、發行貨幣，整頓了國家體制，並設立了克拉科夫學院，致力發展教育和文化。波蘭在這個時期大為繁榮。

一三七〇年卡齊米日三世沒有留下子嗣即去世，皮雅斯特王朝斷絕。由於卡齊米日的姊姊是匈牙利國王拉約什一世的母親，於是拉約什一世繼位兼任波蘭國王。

然而，在一三八二年去世的拉約什一世也沒有留下任何男嗣，由女兒雅德維加繼承波蘭王位。一三八六年，雅德維加與波羅的海沿岸的立陶宛大公國公爵約蓋拉（Jogaila）結婚。約蓋拉以瓦迪斯瓦夫二世・雅蓋隆（Władysław II Jagiełło）的名義成為波蘭國王，開創了雅蓋隆王朝。

波希米亞之父

接下來，我們來看西斯拉夫的波希米亞的動向。

一三〇六年，普熱米斯爾王朝斷絕後，波希米亞需要新的國王。一三一〇年，神聖羅馬皇帝亨利七世（Heinrich VII）的長子約翰（Jan Lucemburský），在波希米亞開創了盧森堡王朝。

約翰在外交上施壓奧得河上游地區的西利西亞，迫使西利西亞的諸侯臣服、併入波希米亞領土。此外，他為了鞏固盧森堡家族的立場，也強化了與教宗、有權選任皇帝的選帝侯之間的關係。

另一方面，約翰則是對國內的神職人員和貴族妥協，承認他們的發言權，因此波希米亞的貴族都握有政治實權。

一三四六年，約翰去世後，長子卡雷爾一世（Karel I.）繼位。他與父親截然相反，打壓神職人員和貴族，採行中央集權。他憑著當時坐擁富庶經濟地帶的波希米亞雄厚的國力，被加冕為神聖羅馬皇帝（查理四世），大大提高了波希米亞在基督教世界的地位。

在法國宮廷裡長大的卡雷爾涵養豐富，他為了將布拉格打造成大國的首都，而設立了「布拉格大學」，致力於振興文化。此外，他還開採礦山、發展工商業，後世稱他為「波希米亞之父」。卡雷爾一世於一三七八年去世，盧森堡王朝最後因為絕嗣而沒落。

尼曼雅國王統一塞爾維亞

在八世紀左右，塞爾維亞王國成為東羅馬帝國的附庸。但是從十二世紀中葉開始，東羅馬帝國因為十字軍東征而開始動盪，塞爾維亞貴族斯特凡．尼曼雅（**Стефан Немања**）整合了周邊各個民族，統一波士尼亞除外的巴爾幹半島南部。一一六八年，塞爾維亞王國復興，開創了尼曼雅王朝。

斯特凡．烏羅什三世（**Стефан Урош III**）在位的一三三〇年，尼曼雅王朝打敗了東羅馬帝國和保加利亞第二帝國，塞爾維亞成為獨立國家。

一三三一年即位的斯特凡．杜尚（**Стефан Урош IV Душан**），不僅藉由戰爭擴張領土，還設立了貴族議會、訂立法典。而且他擊退了東羅馬帝國，以及剛崛起的突厥（土耳其）伊斯蘭教國家鄂圖曼帝國，於一三四六年自稱為「塞爾維亞人與希臘人的皇帝」，建立了塞爾維亞王國的全盛時期。

然而，杜尚卻在一三五五年猝逝，塞爾維亞群龍無首，國家一轉眼便四分五裂。鄂圖曼帝國和東羅馬帝國趁機結盟，開始進攻塞爾維亞。

一三七一年，塞爾維亞在巴爾幹半島上的領主聯手對抗鄂圖曼帝國軍，結果大敗。一三八九年，塞爾維亞再度於科索沃戰役中敗給鄂圖曼帝國，多瑙河以南的領土幾乎都遭到鄂圖曼帝國占領，塞爾維亞再也不是獨立國家了。對塞爾維亞人來說，這場戰敗是前所未有的屈辱。

羅馬尼亞源起瓦拉幾亞和摩爾達維亞

現在的羅馬尼亞國土，在十四世紀以後分成南部的瓦拉幾亞、東部的摩爾達維亞、中部到北部的外西凡尼亞（意即「森林另一方」）這三大區域。摩爾達維亞東部稱作比薩拉比亞，是羅馬尼亞人最早的居住地。

在九世紀建國的匈牙利，於十二世紀進駐外西凡尼亞。由於該地區有銀礦山，道路四通八達，因此德國人也積極前去發展。當地的經濟因匈牙利人和德國人而興盛，在十二世紀以後成為匈牙利的附庸。羅馬尼亞人在匈牙利的統治下沒有正當的權力，無法一展長才。

羅馬尼亞到了十四世紀以後才終於開始建國。身為羅馬尼亞人的瓦拉幾亞軍閥巴薩拉布一世（Basarab I），在一三三〇年的波薩達戰役中擊潰匈牙利，為瓦拉幾亞大公國贏得了獨立。其子尼古拉．亞歷山大（Nicolae Alexandru）與保加利亞、塞爾維亞、匈牙利王室都維持良好的邦交；但在他試圖集權中央時，卻遭到貴族反對而失敗。

在瓦拉幾亞大公國獨立的同時，十四世紀中葉，另一個羅馬尼亞人的分支戰勝了匈牙利軍，建立摩爾達維亞公國。這個國家也有貴族與國王對立的問題，不過到了十五世紀，摩爾達維亞大公斯特凡（Ştefan）與波蘭結為同盟，於一四六七年在拜亞戰役擊敗匈牙利國王馬加什一世（Hunyadi Mátyás），一四七五年在瓦斯盧伊戰役也擊退了鄂圖曼帝國，才終於鞏固了國家體制。

十三世紀，條頓騎士團來到這一帶，德國移民因此增加。渴望發展這個區域的匈牙利王國，便賦予德國人自由經商的特權。德國人的發言權越來越大，到了十五世紀，馬扎爾人、德國人、住在外西凡尼亞的匈牙利民族塞凱伊人成為當地的統治階層，羅馬尼亞人逐漸失去立足之地。

爭戰不休的阿爾巴尼亞

阿爾巴尼亞自九世紀後，多次受到東羅馬帝國和保加利亞帝國統治，到了十四世紀又成為塞爾維亞王國的附庸。當時許多阿爾巴尼亞人十分痛恨塞爾維亞人，於是移居到巴爾幹半島的南部（現在的希臘）。

之後，塞爾維亞因為遭到鄂圖曼帝國侵略而衰退，阿爾巴尼亞改由鄂圖曼帝國統治。

即使如此，阿爾巴尼亞人也沒有放棄獨立。一四四三年到一四六八年間，北阿爾巴尼亞貴族喬治・卡斯翠奧第（Gjon Kastrioti）之子斯坎德培（Skënderbeu）率軍擊敗了鄂圖曼帝國軍，恢復了阿爾巴尼亞的獨立地位。

但是，在斯坎德培去世後，鄂圖曼帝國又重新征服了阿爾巴尼亞。

由於鄂圖曼帝國對人民課徵重稅，迫使部分阿爾巴尼亞人逃往鄰國，導致國土荒廢。在鄂圖曼帝國長久的統治下，阿爾巴尼亞也普遍信仰伊斯蘭教。

之後的波羅的海三國

那北方的狀況如何呢？到了十三世紀，條頓騎士團也進軍愛沙尼亞。由於他們強行宣揚基督教，引起愛沙尼亞人和拉脫維亞人反抗。十三世紀中葉，占領愛沙尼亞的丹麥，在塔林建設了城市作為據點。十四世紀後，丹麥將這裡的統治權移交給條頓騎士團，於是有眾多德國人湧入。

立陶宛方面，明道加斯（Mindaugas）大公擊退了來襲的條頓騎士團，於一二三六年統一了立陶宛大公國。之後，條頓騎士團二度來襲，導致國內動盪不安，不過在十四世紀後，大公格迪米納斯（Gediminas）再度統一立陶宛。格迪米納斯將維爾紐斯打造成首都，同時也往東南方進軍烏克蘭。

格迪米納斯死後，其子阿爾吉爾達斯（Algirdas）和科斯圖提斯（Kęstutis）聯手，分別往南方烏克蘭擴張領土、領軍對抗條頓騎士團，致力維護國家安定。阿爾吉爾達斯去世後，其子約蓋拉謀殺了科斯圖提斯，掌握了實權。

這個時代的立陶宛領土，最北至波羅的海，南至黑海、克里米亞半島。

一三八六年，約蓋拉與波蘭女王雅德維加（Jadwiga）結婚，立陶宛和波蘭成為共主邦聯。

一四一〇年，立陶宛波蘭聯軍在坦能堡（格倫瓦德）之戰大破條頓騎士團，立陶宛大公國邁向鼎盛期。

蒙古結束統治

最後我們回到俄羅斯。十五世紀下半葉，莫斯科大公國的伊凡三世（**Иван III Васильевич**）統一了特維爾大公國、喀山汗國等國內勢力，推動中央集權。

一四八〇年，俄軍與蒙古軍在奧卡河的支流烏格拉河畔對峙，最後蒙古軍撤退，俄羅斯贏得了勝利（烏格拉河對峙）。伊凡三世將俄羅斯從長達二四〇年的「韃靼桎梏」中解放，並且與立陶宛、諾夫哥羅德等西方勢力交戰，最終統一全俄羅斯。

從此以後，俄羅斯對東歐各國的影響開始加劇。

耐人尋味的東歐偉人❶

令人聞風喪膽的「穿刺者」

弗拉德三世

Vlad III Ţepeş

1431～1476年

「吸血鬼德古拉」的原型

在鄂圖曼帝國威脅巴爾幹半島的時代，弗拉德三世統治了羅馬尼亞南部的瓦拉幾亞。儘管他因為內戰而兩度失勢，但最終還是憑實力重新掌權，抵禦了鄂圖曼帝國的侵略。由於他會將殺死的敵人穿刺於尖樁上，因而以「穿刺者（Țepeș）」的稱號令人膽顫心驚，不過據說這個暴行是鄰國刻意誇飾宣傳，他在羅馬尼亞是保衛祖國抵抗外侮的英雄。

代代世襲瓦拉幾亞大公的家族是德拉庫拉，而十九世紀的英國作家伯蘭．史杜克（Bram Stoker）以弗拉德三世為原型寫下了怪譚《吸血鬼德古拉》，才讓他揚名世界。

羅馬尼亞人多半不願將弗拉德三世與殘酷的吸血鬼形象連結起來，不過十九世紀羅馬尼亞王室居住的布蘭城堡，卻成為熱門的觀光景點「德古拉聖地」。

chapter 2

宗教戰爭的時代

莫斯科是第三羅馬

十五世紀的東歐局勢非常混沌，我們就從北部開始看起吧。

在十四世紀下半葉由同一名君主統治（共主邦聯）的波蘭和立陶宛，與在利伏尼亞活動的條頓騎士團開戰。在一四一〇年的坦能堡之戰、一四五四年到一四六六年的十三年戰爭當中，波蘭與立陶宛聯軍擊敗了條頓騎士團。

另一方面，鄂圖曼帝國的勢力在南巴爾幹半島持續擴大，於一四五三年征服了君士坦丁堡、消滅東羅馬帝國。

東羅馬帝國滅亡後，俄羅斯成為東正教圈的核心大國。伊凡三世擺脫蒙古人統治後統一周邊公國，自稱為沙皇（царь），並且迎娶東羅馬帝國末代皇帝君士坦丁十一世（Κωνσταντίνος ΙΑ΄ Παλαιολόγος）的姪女，宣稱自己繼承了東羅馬帝國。

因此，俄羅斯的首都莫斯科繼君士坦丁堡（第二羅馬）之後，成為「第三羅馬」。

匈牙利蓬勃發展

東羅馬帝國之後，瓦拉幾亞、塞爾維亞、匈牙利也遭到鄂圖曼帝國侵略。在外西凡尼亞，總督匈雅提．亞諾什（Hunyadi János）挺身對抗鄂圖曼帝國，他在一四四〇年代到一四五〇年代多次戰勝鄂圖曼帝國軍，功績卓越而獲得外西凡尼亞侯爵的稱號，成為國王的攝政。

亞諾什死後，次子馬加什（Hunyadi Mátyás）平定內戰、成為匈牙利國王。在父親削弱鄂圖曼帝國的勢力後，馬加什限制大貴族的權力，以獲得中小貴族的支持。

馬加什在十五世紀下半葉進軍波希米亞和奧地利，占領了西利西亞。一四七六年，他迎娶拿坡里王國公主，將義大利的文藝復興文化引進了匈牙利。

馬加什邀請義大利的文化人士來布達交流，在首都佩斯設立了收藏基督教學者著作的科爾文納圖書館。這個時期的匈牙利，是東歐最繁榮的國家。

15世紀的東歐

一切皆始於胡斯

在這個時期，天主教會控制了許多領土、展現出至高無上的權威，此舉引發歐洲各地對教會的批判，紛紛掀起了「宗教改革」的浪潮。

其中的先驅，就是波希米亞的神學家揚·胡斯（Jan Hus）。布拉格大學畢業的胡斯，受到十四世紀英國神父威克里夫（John Wycliffe）推行的教會改革影響，呼籲過著貴族般奢華生活的神職人員應當重拾禁欲的精神。

此外，胡斯為了向平民傳教，而將聖經翻譯成捷克語。當時的基督教會規定必須要用拉丁語傳教，因此羅馬教宗開除了胡斯的教籍，並於一四一五年處以死刑。

胡斯在波希米亞是民族英雄，有許多名為胡斯派的信眾。胡斯派人士因為胡斯被處死而憤怒不已，加上他們很久以前就有反德情緒，於是在一四一九年起義進攻市政廳。

暴動一發不可收拾，甚至擴及匈牙利和波蘭等周邊各國，規模大到足以稱作胡斯戰爭。

在這場戰爭中，貴族和有力諸侯奪走了國王和

教會的領地，逐漸成為大地主。波希米亞和摩爾達維亞的土地，有將近九成都遭到貴族與諸侯侵占。這場始於宗教衝突的戰爭，最後發展成為土地的爭奪。基督教的權威從此每況愈下。

最後，胡斯派內部分裂，戰爭於一四三六年結束。後來成為波希米亞新國王的西吉斯蒙德（Sigismund）同意變更土地的所有者，贏得貴族的支持。

攝政者伊日的憂鬱

然而，西吉斯蒙德在即位翌年去世。新國王阿爾布雷希特（Albrecht）也在即位不滿兩年後去世，雖然有兒子拉迪斯勞斯（Ladislav）可以繼位，但因為他年紀幼小，便由胡斯派的貴族擔任攝政。不過，天主教和胡斯派，以及胡斯派內部仍持續發生衝突，導致波希米亞國內動盪不安。

一四五八年，波希米亞攝政伊日（Jiří z Poděbrad）透過選舉成為國王。伊日是大領主之子，與王室沒有任何血緣關係，他即位後努力修復胡斯派與天主教的關係。

然而兩派的衝突越演越烈，伊日徒勞無功，於是號召國內外聯手攻擊天主教徒的共同敵人鄂圖曼帝國，卻得不到周邊各國的國王與貴族支持，最後無疾而終。

一四六八年，伊日與匈牙利國王馬加什爆發戰爭。馬加什是伊日的女婿，卻受到天主教貴族擁立成為波希米亞國王，因而與伊日嚴重對立。在雙方交戰途中的一四七一年，伊日猝逝。

之後，雅蓋隆王朝波希米亞國王卡齊米日四世（Kazimierz IV）的兒子弗拉迪斯拉夫（Vladislav Jagellonský），便兼任波希米亞國王和匈牙利國王（即位後

當時的日本

淨土真宗本願寺派第八世宗主蓮如，因為延曆寺遇襲而無法繼續留在京都，於1471（文明3）年在越前國（現在的福井縣）建立了吉崎御坊。他在當地積極布教，復興淨土真宗本願寺派，到了戰國時代甚至成為受到各大名敬畏的一大勢力。

名為波希米亞國王弗拉迪斯拉夫二世、匈牙利國王烏拉斯洛二世）。

這麼一來，波希米亞和匈牙利的貴族就可以迴避選任國王時的混亂局勢，弗拉迪斯拉夫二世不必作戰就能統治廣大的領土，對雙方來說都是有利無害。

弗拉迪斯拉夫二世以波希米亞國王的身分試圖和馬加什談判，一四七九年雙方成立協定，戰爭結束。一四八五年，他也解決了在波希米亞持續多年的胡斯派與天主教的宗教對立。

國土三分的匈牙利

弗拉迪斯拉夫二世在一五一六年去世後，由十歲的兒子拉約什二世（II. Lajos）繼位，但由於新國王過於年輕，導致對內的統治頻頻受挫。

剛好在這個時候，鄂圖曼帝國在有名君之稱的蘇萊曼一世（I. Süleyman）治理下重振旗鼓，再度開始侵略東歐。一五二六年，匈牙利在摩哈赤戰役中慘敗，拉約什二世也

三分時期的匈牙利

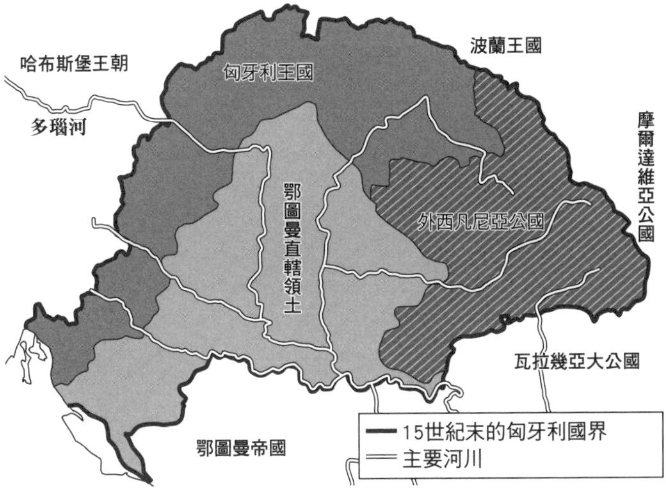

陣亡。

匈牙利的王位經過選舉後，由受到中小貴族支持的外西凡尼亞人扎波堯伊·亞諾什（Szapolyai János, Zápolya János,）繼承。

但是，神聖羅馬皇帝兼哈布斯堡家的主人查理五世（Karl V）卻出面干涉，目的是想奪得勢力衰微的匈牙利，和沒有統治者的波希米亞。

查理五世向匈牙利和波希米亞貴族宣揚鄂圖曼帝國的威脅性，並將弟弟奧地利大公斐迪南（Ferdinand）派駐當地。於是，統一了匈牙利北部到西部的匈牙利王國就此誕生。

另一方面，在摩哈赤戰役中擊敗匈牙利的蘇萊曼一世答應庇護亞諾什，率軍遠征查理五世的大本營維也納（第一次維也納之圍）。不過在這場戰役中，查理五世成功守住了維也納。

一五四〇年，亞諾什去世後，其子齊格蒙特（Szapolyai János Zsigmond）繼任外西凡尼亞公爵。蘇萊曼一世繼續協助齊格蒙特與斐迪南作戰。翌年，鄂圖曼帝國改變了遠征策略，開始派兵駐紮占領地。

匈牙利中部成了鄂圖曼帝國的領土，齊格蒙特所在的東匈牙利，也就是外西凡尼亞則成為大公國。於是，匈牙利從此分成了三個部分。

戰爭始於波希米亞

在匈牙利分裂的同一時期，德國人路德（Martin Luther）和瑞士人喀爾文（Jean

Calvin）發聲批判天主教會，吸引了許多支持者。這群信眾稱作新教徒（Protestant）。外西凡尼亞接受了因教派對立而被迫離開奧地利的新教徒，開放人民自由信仰。

另一方面，波希米亞在十六世紀時依然有反德情結，支持揚・胡斯的信眾怒火又有復燃的趨勢。

兼任匈牙利國王和波希米亞國王的哈布斯堡家斐迪南一世，利用為保護親德勢力和天主教而成立的耶穌會，來打壓與自己為敵的人。在斐迪南一世之後，依然是由哈布斯堡家族成員擔任波希米亞國王，並延續原本的政策，結果引發捷克人與新教派的不滿。

一六一八年，在波希米亞首都布拉格，新教徒因反對強迫人民信仰天主教的哈布斯堡家，而衝進布拉格城堡、將帝國大臣活活扔出窗外。這起拋窗事件，開啟了席卷各國的新教徒與天主教徒之間的大規模戰爭。

新教派的核心人物是德國的普法爾茨伯爵，所以戰爭初期稱作普法爾茨戰役。不過，從很久以前就與哈布斯堡家為敵的法國、新教國家丹麥、瑞典等國也陸續參戰，使得戰爭持續了三十年之久，因此才定名為「三十年戰爭」。
在戰爭期間，天主教會的支持者奪走了波希米亞新教徒貴族的土地，並燒燬用捷克語寫成的書信。波希米亞的文化式微，戰後，布拉格大學是以德語作為官方語言。許多新教徒遭到哈布斯堡家處死，或是流亡到國外，波希米亞的人口從戰前的約三百萬人，到戰後一六四八年銳減成約八十萬人，殘存的人口有大半數都是天主教徒。
不過，與眾多勢力為敵的哈布斯堡家，在神聖羅馬帝國內的影響力卻大不如前。在戰後一六四八年簽署的西發里亞和約中，承認帝國內的新教徒也能擁有信仰自由。

俄羅斯來襲！

當戰火在匈牙利和捷克延燒時，東歐北部的俄羅斯則是日漸強盛。十六世紀中葉，俄羅斯沙皇伊凡四世（Иван IV Васильевич）排除貴族、親自掌握政治實權，征服了原本由蒙古人統治的南方喀山汗國與阿斯特拉罕汗國，並於一五五八年進軍波羅的海，進攻利伏尼亞。

在這場利伏尼亞戰爭中，俄羅斯先是征服了利沃尼亞騎士團的領土。接下來對抗俄羅斯的，則是過去曾經協助利沃尼亞騎士團的波蘭和立陶宛。

其實，波蘭和立陶宛之間經常發生領土糾紛，但是為了對抗俄羅斯，雙方在一五六九年簽署盧布林聯合條約，再度成立共主邦聯。兩國曾經在十四世紀將領土拓展到烏克蘭，建立從波羅的海涵蓋到黑海的大國。

條約中規定國王和議員必須透過選舉選任，這讓過去由貴族掌權的立陶宛政治體制大幅轉變。立陶宛人開始熟悉波蘭的政治和文化，民族認同逐漸稀薄。

波蘭與立陶宛斷斷續續與俄羅斯交戰，耗費二十五年的歲月才成功保衛疆土。利伏尼亞騎士團的領土，在戰後由立陶宛、波蘭，以及合作對抗俄羅斯的瑞典瓜分。

伊凡四世侵略未果，除了因為波蘭強大的軍事抵禦以外，還有俄羅斯國內的反對聲浪。他為了繼續作戰而不斷徵兵，引起貴族等有力人士反彈，導致俄羅斯社會動盪不

安。一五八三年，俄羅斯與波蘭和解，伊凡四世從此畏懼波蘭駭人的軍事力量。

國王也不得違抗議會

波蘭強大的軍事能力，在於背後有名為什拉赫塔的騎士和貴族支持。他們仕於國王或地方領主，擁有免稅特權。

波蘭的貴族議會（Sejm）在十六世紀訂立了一項制度，即國王必須獲得什拉赫塔的同意才能制定法律。這種政治體制就稱作「什拉赫塔民主制」。

到了十六世紀下半葉，新的富裕階級大貴族（Magnate）興起。大貴族藉由在波羅的海周邊與德國商人貿易、出售穀物而致富，並以貴族的身分涉足政壇，成為議會裡的多數派。

勢力強大的什拉赫塔和大貴族經常與國王為敵，甚至在議會上阻撓國王選舉，導致波蘭的統治機構分崩離析。

俄羅斯和波蘭激戰

波蘭日漸衰退之際，企圖奪占利伏尼亞的瑞典趁隙來襲，波蘭與周邊各國持續交戰，導致國力更加低落。

位於波蘭東方的烏克蘭，有一群不願臣服俄羅斯沙皇和貴族的農民團體「哥薩克」。一六四八年，波蘭沒收了哥薩克的土地後，哥薩克領袖赫梅利尼茨基（Богдан Хмельницький）發起大規模暴動。雖然他一度敗北，但是向俄羅斯求援後，於一六五四年為烏克蘭贏得自治權。

於是，俄羅斯和波蘭就此開戰，但不久後瑞典開始出兵侵略波蘭，因此波蘭與俄羅斯在一六五六年簽訂和約、聯手對抗瑞典，最終成功擊退瑞典。

在此期間，波蘭也和瑞典的同盟布蘭登堡－普魯士（前身為條頓騎士團領土）作戰，一六五七年，布蘭登堡－普魯士脫離波蘭而獨立。

1667年的東歐

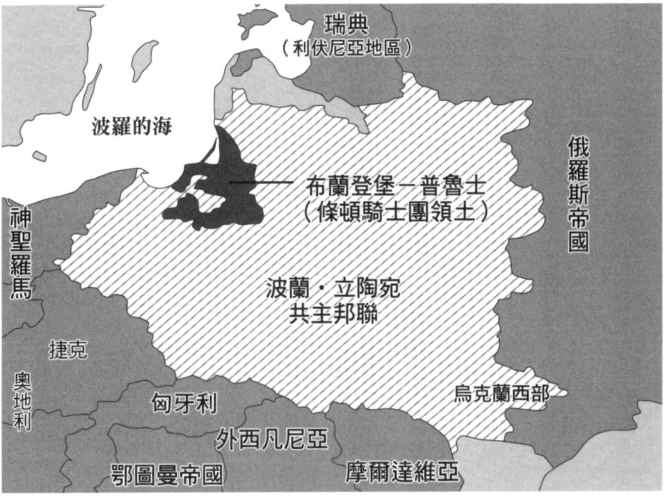

波蘭國王為了翻轉劣勢，力圖強化王權和軍事力量，但遭到什拉赫塔反對而未能如願。大貴族也發生內鬥，導致國內持續動盪。

波蘭後續也一直與俄羅斯和瑞典交戰。

最後在一六六七年，波蘭與俄羅斯簽署和平條約，獲得烏克蘭西部的領土。

大洪水時代

之後，波蘭也與鄂圖曼帝國作

戰。一六八三年，鄂圖曼帝國大軍進攻維也納（第二次維也納之圍），於是哈布斯堡家號召周邊各國聯手抗戰。

波蘭基於基督教國的交情而響應號召，國王索別斯基（Jan III Sobieski）親自率領基督教聯軍奮勇作戰，才總算擊退了鄂圖曼帝國軍。

但是，波蘭卻沒有得到任何回報，從十六世紀到十七世紀都是厄運連連。尤其是在十七世紀中葉以後，波蘭本土甚至更成為了戰場，令國內百姓痛不欲生。因此，波蘭將這段時期稱作「大洪水」。

另外，和波蘭是共主邦聯的立陶宛，也和波蘭一樣國力衰退。

當時的日本

1683（天和2）年，江戶發生大規模火災（天和大火）。這場火災又稱作「於七火災」，典故出自蔬果店的女兒於七，在火災後避居寺院的期間，與寺中的雜役相戀的故事。她相信只要再度發生火災就能與戀人重逢，便放火燒了自己的新家，最後因縱火罪處死。

外西凡尼亞的掙扎

對抗哈布斯堡家的鄂圖曼帝國，旗下藩屬包含了多瑙河北方、位於現在羅馬尼亞的摩爾達維亞公國、瓦拉幾亞公國、外西凡尼亞公國，不過這些地區都擁有自治權。

其中位於內陸的外西凡尼亞有喀爾巴阡山脈環繞，易守難攻，礦業十分興盛，但農業並不發達，因此繳納的賦稅比瓦拉幾亞和摩爾達維亞要少，並獲准自由從事外交。

一五九三年，瓦拉幾亞大公米哈伊（Mihai Viteazul）利用鄂圖曼帝國與哈布斯堡家的敵對局面來維護自身勢力，併吞了外西凡尼亞和摩爾達維亞，於一六〇〇年統一了三個公國。

雖然這三個公國都使用羅馬尼亞語，卻也都有強烈的獨立意志，所以統一僅維持了一年，在米哈伊死後又再度分裂。

一六〇四年，外西凡尼亞脫離鄂圖曼帝國的控制後，統治外西凡尼亞的匈牙利貴族拜特倫（Bethlen Gábor）起兵，試圖統一匈牙利王國。

然而，掌控匈牙利的神聖羅馬皇帝斐迪南二世（Ferdinand II）率領奧地利軍反擊，讓拜特倫的夢想破滅。

十七世紀下半葉，外西凡尼亞公爵為奪得波蘭王位而出兵遠征，但以失敗告終。在戰火延燒的同時，外西凡尼亞加入鄂圖曼帝國陣營，結果內政反遭到干涉，成為鄂圖曼帝國的附傭。

卡洛維茨條約

在當時由奧地利統治的匈牙利王國，哈布斯堡家族強迫國民信仰天主教。追隨大貴族但抗拒哈布斯堡家統治的中小貴族，便組成了反哈布斯堡聯盟。

一六七八年，反哈布斯堡聯盟軍獲得鄂圖曼帝國支援而起兵。在匈牙利動盪之際，鄂圖曼帝國發動了第二次維也納之圍。

17世紀末的東歐

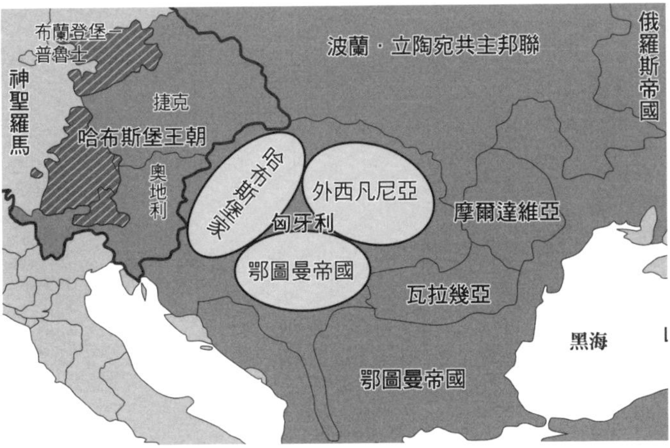

羅馬教宗為了對抗勢力強盛的鄂圖曼帝國，在一六八四年號召奧地利、波蘭、威尼斯組成同盟（神聖同盟）。

鄂圖曼帝國敗給波蘭而撤軍後，匈牙利和外西凡尼亞依據一六九九年簽訂的卡洛維茨條約，成為奧地利的附庸，受到哈布斯堡家統治。

於是在十七世紀末，波希米亞、匈牙利（外西凡尼亞）、波蘭等東歐北部到中部，都成了哈布斯堡家的領土。

祕密專欄

東歐的國旗❶北部各國

象徵愛國人士的配色

捷克的國旗是紅、白、藍三色，這個配色稱作泛斯拉夫色，常見於東歐許多斯拉夫人組成的國家。尤其紅色和白色是捷克的波希米亞地區象徵色彩、藍色則是摩拉維亞地區的象徵色彩。鄰國的斯洛伐克國旗也是採用相同的配色，左側加上基督教的洛林十字圖形。

至於發源自亞洲、並非斯拉夫民族的匈牙利，國旗則是採用紅、白、綠的三色旗，分別代表愛國者的鮮血、純潔與和平、希望。

波蘭國旗是白色與紅色上下並列的雙色旗，分別象徵喜悅和純潔、為獨立所流的鮮血。鄰國烏克蘭國旗是採用藍黃雙色旗，代表天空和麥田。實際上，烏克蘭是歐洲首屈一指的小麥出口國。在二〇二二年二月俄羅斯侵略烏克蘭以後，各地也陸續出現愛國人士使用象徵國旗的這兩個顏色。

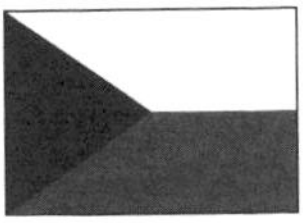
捷克

斯洛伐克

匈牙利

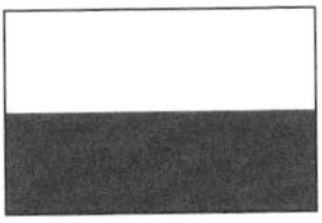
波蘭

烏克蘭

白俄羅斯

拉脫維亞

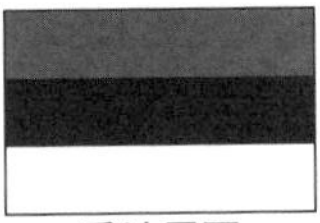
愛沙尼亞

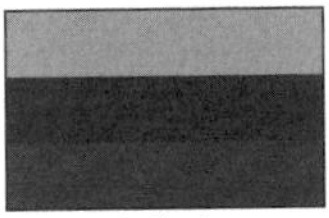
立陶宛

白俄羅斯的國旗是紅、綠二色，代表國民的鮮血與豐饒的國土，左邊有紅白兩色構成的傳統民族服裝圖紋。

很多國旗都使用了鮮豔的紅色，但拉脫維亞國旗是採用暗紅色配白色，暗紅色象徵為了獨立灑熱血的覺悟，白色則象徵了國民的誠實與波羅的海。

愛沙尼亞的國旗是藍、黑、白三色，藍色代表希望與團結，黑色代表大地與過往黑暗時代的記憶，白色則代表對自由的渴望。

相較之下，鄰國的立陶宛國旗是採用截然不同的黃、紅、綠三色旗，黃色象徵了自由與小麥，綠色象徵希望與森林，紅色則象徵愛國者的勇氣。

耐人尋味的東歐偉人❷

率領哥薩克軍團的英雄

薩海達奇尼

Petro Konaševyč-Sahajdačnyj

1570～1622年

重建荒廢的基輔

16世紀到17世紀的烏克蘭哥薩克領袖當中，薩海達奇尼格外受到尊敬。他出生於治理烏克蘭西部加利西亞地區的貴族家庭，後來成為哥薩克軍團的團長。

1616年，他率軍進攻位於克里米亞半島的鄂圖曼帝國據點，救出被奴役的基督教徒；1621年他加入波蘭軍，在聶斯特河畔的霍騰戰役中大勝鄂圖曼帝國軍。

現在的烏克蘭首都基輔，在15世紀時因為與克里米亞的韃靼人戰鬥而百廢待舉，薩海達奇尼重建了城市，並興建許多教會、邀請東正教的神職人員進駐。烏克蘭哥薩克原本是一支鬆散的軍團，但是在薩海達奇尼的整頓下變為有紀律的組織，團結成為以東正教文化為中心的民族。

chapter 3

被統治的東歐

富國強兵

三十年戰爭後，大國威嚇東歐各國的傾向越來越強烈。到了十七世紀，各國國王開始加強控制諸侯的權力、整頓王家軍隊（常備軍），並致力於發展工商業貿易，以便維持軍費來源（重商主義），另外也建立了輔助這個政策的官僚體系，成立以國王為中心的專制體制。

東歐周邊的俄羅斯，在一六八二年登基的沙皇彼得一世（Пётр I）的統治下，強化了君主專制。彼得為了將勢力範圍往國土南方擴張，而向鄂圖曼帝國宣戰，於一六九六年取得勝利後，便企圖進軍黑海方面。

另一方面，俄羅斯也企圖進軍波羅的海，但是稱霸這個地區的「波羅的海帝國」瑞典擁有強大海軍。因此，彼得加入使節團前往荷蘭與英國，親自學習海軍的編制與造船技術。他在一六九八年歸國後，經歷兩年準備，在一七〇〇年發動對瑞典的大北方戰爭。

在這場戰爭中，過去與俄羅斯為敵的波蘭，為了奪回遭到瑞典占領的利伏尼亞地區，便轉而與俄羅斯結盟作戰。

俄羅斯編制了全新的波羅的海艦隊，在一七〇九年的波爾塔瓦會戰中擊敗瑞典軍。受到俄羅斯統治的烏克蘭東部為了獨立而選擇與瑞典結盟，結果也因為瑞典戰敗而未能如願。

一七二一年，俄羅斯與瑞典簽訂尼斯塔德和約，勝利的俄羅斯獲得西卡累利阿（芬蘭東部）、利伏尼亞和愛沙尼亞等地。

彼得因此得償所望，興建了通往波羅的海的港都，命名為聖彼得堡。

1721年的東歐北部

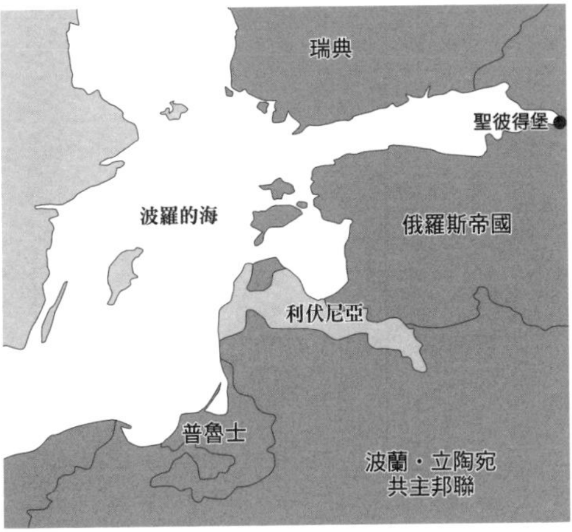

波蘭王位繼承戰爭

波蘭曾擁有涵蓋至烏克蘭西半部的遼闊領土，但國力到了十七世紀末卻大不如前。在大北方戰爭期間，波蘭國王奧古斯特二世（August II）原本計劃強化國力，卻夾在瑞典與俄羅斯之間動彈不得，最後於一七三三年去世。

法國國王路易十五（Louis XV）擁立身為波蘭貴族的岳父斯坦尼斯瓦夫（Stanisław Leszczyński）為波蘭的新國王。斯坦尼斯瓦夫在華沙宣誓就任為國王時，遭到俄羅斯反對，因為他在大北方戰爭中支持瑞典。

俄羅斯因此和試圖打壓法國勢力的奧地利結盟，擁立奧古斯特二世的兒子奧古斯特三世（August III）即位。

一七三五年，俄軍與法軍為了波蘭王位繼承權而開戰，俄羅斯贏得了勝利。成為波蘭國王的奧古斯特三世對俄羅斯百依百順，導致波蘭逐漸成為俄羅斯的附庸。

瑪麗亞的動人演講

從俄羅斯與瑞典交戰的十七世紀末開始，普魯士的勢力日漸強盛。一七〇一年，法國和西班牙、英國和奧地利等國為了爭奪西班牙王位而開戰（西班牙王位繼承戰爭）時，普魯士加入奧地利（神聖羅馬帝國）的陣營，因此得以從公國升格成為普魯士王國。

一七四〇年，神聖羅馬皇帝查理六世（Karl VI）駕崩時，匈牙利和波希米亞都是由奧地利統治，因此查理六世的女兒瑪麗亞·特蕾莎（Maria Theresia）成為奧大利大公兼匈牙利女王。然而，神聖羅馬帝國的領邦巴伐利亞和薩克森不承認她的王位，於

奧地利王位繼承戰爭時期的關係

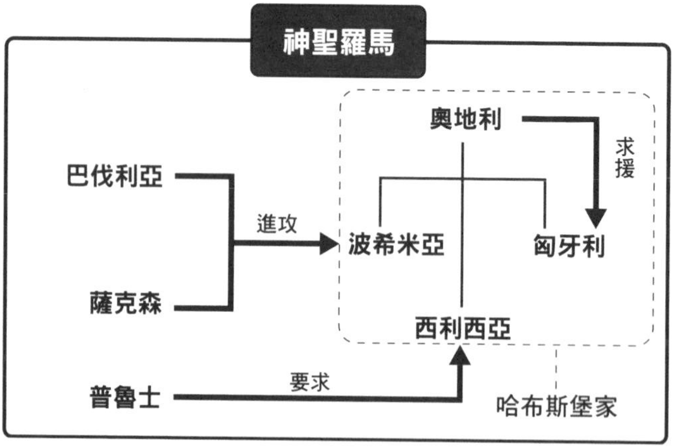

一七四〇年進攻波希米亞（奧地利王位繼承戰爭）。

另一方面，普魯士國王腓特烈二世（Friedrich II）則是承認瑪麗亞・特蕾莎的王位，代價是奧地利要割讓西利西亞。普魯士一直都渴望將礦產豐富且工業發達的西利西亞納為領土。

此外，法國和西班牙也為了取得奧地利領土而出面干涉，瑪麗亞・特蕾莎走投無路，最後只能請求匈牙利貴族協助。

匈牙利的貴族裡不乏痛恨哈布斯堡家的人，但瑪麗亞・特蕾莎帶著年幼的王子約瑟夫（Josef II）造訪匈牙利，請求勇敢的匈牙利人伸出援手。匈牙利貴族深受感動，便挺身支持奧地利。

爭奪波希米亞

巴伐利亞公爵卡爾・阿爾布雷希特（Karl Albrecht）進攻波希米亞、占領了布拉格，即位成為波希米亞國王查理三世・阿爾布雷希特（Karel III. Albrecht）；一七四二年二月，他加冕為神聖羅馬皇帝查理七世（Karl VII），哈布斯堡家就此失去了神聖羅馬皇帝的地位。

另一方面，獲得匈牙利援軍的奧地利軍占領了薩克森，但依舊不敵軍事實力略勝一籌的普魯士。六月十一日，奧地利和普魯士簽訂條約，將西利西亞割讓給普魯士。

之後戰火也持續延燒，瑪麗亞・特蕾莎試圖奪回波希米亞。一七四五年一月查理七世去世後，瑪麗亞・特蕾莎的丈夫法蘭茲・史蒂芬（法蘭茲一世 Franz I）當選為神聖羅馬皇帝，奧地利終於重返榮耀。然而奧地利後續還是不敵普魯士，同年十二月，奧地利與普魯士簽署和約，西利西亞正式成為普魯士領土。

奧地利後續仍為了奪回西利西亞，而與長年對立的法國和俄羅斯結盟（外交革命），在一七五六年向普魯士宣戰（七年戰爭），但最終仍無法奪回領土。

葉卡捷琳娜二世即位

俄羅斯是以奧地利盟友的立場與普魯士作戰，但在一七六二年繼伊利莎白女皇（Елизавéта Петрóвна）之後登基的彼得三世（Пётр III），因為十分尊崇普魯士國王腓特烈二世，便下令撤離七年戰爭，並與普魯士簽訂了

當時的日本

江戶時代的日本禁止外交貿易活動，但禁止不了人民對西洋文化的興趣。在發生七年戰爭的十八世紀中葉，科學家兼戲作家平賀源內就在長崎學習荷蘭醫學與歐洲油畫，並研發出靜電產生裝置、石棉和溫度計。

和約。

不僅如此，彼得三世還反過來提議進攻奧地利，此舉引起俄羅斯貴族和軍人的反抗。因此，與彼得三世感情不睦的皇后葉卡捷琳娜（Екатерина）便與軍隊合謀發動政變，無人支持彼得三世，於是葉卡捷琳娜二世登基為皇，彼得三世遭到暗殺身亡。

與西歐的差距愈來愈大

十八世紀中葉以前，東歐許多國家爭戰不休，但緊鄰大西洋的西班牙、葡萄牙、荷蘭、英國、法國等西歐各國，則是將領土和市場拓展到南北美洲大陸和亞洲，大幅發展毛織品等紡織業、軍火和機械、造船等工業。

西歐的資本家（大商人與大地主等資方），透過將機器和商品的材料出借給農民、讓他們製造產品的外包制度，以及讓工人聚集在工廠工作的手工作坊生產模式，使全球轉型成以工業為中心，人民不再受制於農地，可以自由遷徙。

但是，東歐許多地區的經濟依然是以農為本。農民受到土地限制，在大地主和教會之下辛勤勞動，栽種出口給西歐的穀物。

奧地利的瑪麗亞．特蕾莎、普魯士的腓特烈二世、俄羅斯的葉卡捷琳娜二世為了追上西歐的腳步，決定先削弱控制民眾的教會影響力，接著再將從法國開始傳播的啟蒙思想引進東歐。

所謂的啟蒙思想，是指要打開眼界來學習、批判傳統的迷信，認可人民擁有各種自由並改善社會的觀點。

雖然有部分貴族認同啟蒙思想而協助改革政策，但仍有不少支持教會的人，以及認為「農民不需要思考，只需聽命工作」的保守派人士。而沒有時間學習也不識字

當時的日本

浮世繪當中使用多色印刷的版畫，稱作「錦繪」。1764（明和元）年，江戶開始流行交換畫曆（印有畫作的和曆）。畫家為了追求更華麗的畫曆，才開發出了錦繪。從此以後，歌麿、寫樂、北齋等多位知名浮世繪大師，都陸續發表了錦繪的傑作。

的農民，也無法充分了解這些煞費苦心的改革政策有何用意。

波蘭瀕臨滅亡

在葉卡捷琳娜二世登基翌年的一七六三年，薩克森選帝侯兼波蘭國王奧古斯特三世去世。渴望提升軍事力量的葉卡捷琳娜二世，便開始呼籲波蘭與俄羅斯合作。

葉卡捷琳娜二世安排斯坦尼斯瓦夫・奧古斯特・波尼亞托夫斯基（Stanisław August Poniatowski）在波蘭拉攏貴族，掌握議會主導權，成功當選為波蘭國王。

但是斯坦尼斯瓦夫在即位後，卻違背葉卡捷琳娜二世的期待，加強了波蘭脫離俄

羅斯獨立的傾向。而且他為了強化國力以對抗鄰近各國，還改善了教育制度、推動加強議會權限的改革。

不過，當時的波蘭有力貴族都死守著自己的既得利益，無法團結對外，導致徵兵等積極的改革政策窒礙難行。多數人都認為還是要躲在俄羅斯的庇護下，才能保有大地主的特權。

因此，俄羅斯在一七六七年集結了波蘭境內反對改革的保守派貴族和大地主，組成反對國王的「拉當聯盟」、對議會施壓。

一七六八年，波蘭人在巴爾（現在的烏克蘭西部）對俄羅斯發起大規模暴動。這場暴動又稱作波蘭人的民族獨立運動先驅，但主要成員都是天主教徒的貴族，未能贏得大多數國民和東正教徒的支持，最終遭到俄軍鎮壓。

起義失敗、波蘭的反俄派勢力衰退後，葉卡捷琳娜二世便開始正式奪占波蘭的領土。

瓜分波蘭

對於國力因七年戰爭而耗損的普魯士來說，在俄羅斯的統治下壯大的波蘭是一大威脅。於是，普魯士國王腓特烈二世聯合同樣與俄羅斯敵對的奧地利，對葉卡捷琳娜二世施壓，要求由俄羅斯、普魯士、奧地利共同瓜分波蘭。波蘭國王斯坦尼斯瓦夫・奧古斯特・波尼亞托夫斯只能答應這個要求。

一七七二年，俄羅斯統治了利伏尼亞，普魯士獲得自十五世紀以來都由波蘭統治的皇家普魯士，奧地利則獲得波蘭東南部

第一次瓜分波蘭

到烏克蘭的加利西亞部分土地。這就是第一次瓜分波蘭。

此後，斯坦尼斯瓦夫在臣服俄羅斯的狀態下勉強維持國王的地位，力圖改革以強化國力。不過，有太多大貴族反對國王和俄羅斯，導致波蘭的教育、司法、財政、軍備等方面的人才培育毫無進展。

巴爾幹半島的紛擾

在十八世紀以後，奧地利與鄂圖曼帝國交戰，將領土擴張到巴爾幹半島。黑海北方的烏克蘭哥薩克酋長國，在一七三五年遭到鄂圖曼帝國的藩屬克里米亞汗國侵略。

與克里米亞汗國和鄂圖曼帝國敵對的俄羅斯與奧地利也參戰，奧地利得以控制黑海北部的亞速海沿岸。

俄羅斯則是積蓄國力，在一七七四年於多瑙河下游的多布羅加戰勝鄂圖曼帝國軍，獲得自由通行黑海、達達尼爾海峽、博斯普魯斯海峽的權利。而且，葉卡捷琳娜二世還在一七八三年併吞克里米亞汗國，接著又占領克里米亞半島、興建軍事港口，派駐了黑海艦隊。鄂圖曼帝國在一七八七年嘗試反擊，但不敵俄羅斯。

一七九二年，俄羅斯和鄂圖曼帝國簽訂了雅西和約，黑海北岸全部成為俄羅斯的領土。從此以後，黑海沿岸在俄羅斯的統治下急速發展。尤其是俄羅斯修建的港都敖得薩，現在是代表烏克蘭的軍事兼貿易港口。

到了十九世紀，俄羅斯取得巴爾幹半島東北部的比薩拉比亞（現在的摩爾達維亞），在巴爾幹半島上

與奧地利的對立也更加嚴重。奧地利期望與普魯士結盟，但普魯士仍維持與俄羅斯的同盟關係，導致奧地利必須在沒有外援的情況下對抗勢力擴大的俄羅斯。

波蘭亡國！

波蘭國王斯坦尼斯瓦夫支援與鄂圖曼帝國交戰的俄羅斯，試圖藉此強化國力。

在這個時期，波蘭議會上有越來越多貴族主張要限制國王和教會的權力、讓更多人參與政治。這代表在西歐已經很普遍的自由主義思想也流傳到了波蘭。

一七九一年，波蘭制定了五月三日憲法。當中明文規定了國王的權限，採取君主立憲制，並賦予城市居民參

當時的日本

18世紀末，俄羅斯也將勢力拓展到東亞，企圖向日本叩關。1792（寬政4）年，海軍士官拉克斯曼（Adam Laxman）以俄羅斯女皇葉卡捷琳娜二世的使者身分，護送遇難漂流到俄羅斯的大黑屋光太夫回到日本，同時向幕府要求通商，但是遭到拒絕。

政權，是一部劃時代的憲法。

由於這部憲法深受一七八九年法國大革命的影響，俄羅斯唯恐波蘭將革命思想帶進本土，便於一七九三年排除奧地利，和普魯士訂立瓜分波蘭的協定，取得波蘭的內政和外交權利（第二次瓜分波蘭）。

第三次瓜分波蘭

在此期間，俄羅斯要求波蘭廢除憲法，塔德烏什・柯斯丘什科（Tadeusz Kościuszko）等反俄派的波蘭人起義反抗。儘管波蘭軍英勇奮戰，最終仍敗北。

一七九五年，波蘭碩果僅存的領土全都遭到俄羅斯、普魯士、奧地利侵占，時任國王斯坦尼斯瓦夫被迫遜位，國家終於徹底覆滅（第三次瓜分波蘭）。

祕密專欄

東歐的國旗❷巴爾幹半島各國

源自共同文化的配色和圖案

羅馬尼亞的國旗是藍、黃、紅三色，分別象徵了天空與黑海、穀物、為追求獨立所流的鮮血。由相同民族組成的鄰國摩爾多瓦也是採用相同配色的國旗，中間有代表國徽的鵰圖案。

保加利亞的國旗參考了支持他們獨立的俄羅斯國旗（白、藍、紅），採用白、綠、紅三色，分別代表和平與自由、農業與森林、國民的勇氣。

塞爾維亞的國旗是斯拉夫人國家常見的紅、藍、白組合，分別代表民族的鮮血、天空、光芒，左側是畫了雙頭鵰的國徽。前身也是南斯拉夫的克羅埃西亞，國旗的配色也跟塞爾維亞一樣，中間是國徽的盾牌圖案。

斯洛維尼亞國旗也是相同的配色，但由上往下依序是白、藍、紅，且印有畫了山峰的中世紀國徽。蒙特內哥羅現在的國旗採用過去曾有過的配色，是紅底加上雙頭

羅馬尼亞

摩爾多瓦

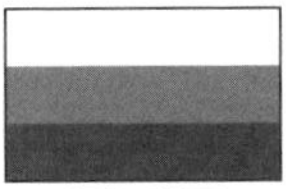
保加利亞

塞爾維亞

克羅埃西亞

斯洛維尼亞

蒙特內哥羅

阿爾巴尼亞

波士尼亞與赫塞哥維納

科索沃

北馬其頓

鵰的國徽。

阿爾巴尼亞的國旗也使用了紅底加雙頭鵰的國徽，源自於民族英雄斯坎德培家族的旗幟。

波士尼亞與赫塞哥維納的國旗是藍色和黃色的組合，藍底與成列的白色星星是效仿自支援他們獨立的歐洲聯盟（EU）旗幟，黃色代表希望，三角形代表國土的形狀。科索沃的國旗也是相同的配色，中間畫有國土的形狀，六顆星星象徵了國內的六個民族。

北馬其頓的國旗，是將古代馬其頓王國國徽的維吉納太陽符號簡化而成，底色的紅色象徵為自由而戰，黃色線條代表生命力和喜悅。

庇護流亡波蘭人的名將

塔德烏什·柯斯丘什科

Tadeusz Kościuszko

1746～1817年

遠離祖國、在美國大顯身手

1775年發生的美國獨立戰爭，吸引了許多來自歐洲各國的義勇軍。波蘭的熱血愛國人士柯斯丘什科就是其中一員。

柯斯丘什科出生於立陶宛的貴族家庭，青年時期曾留學法國，受到自由主義思想的薰陶。美國發表獨立宣言後，其精神令他深感共鳴，因此他還曾經擔任過美國第一任總統華盛頓（George Washington）的准將。

1783年，柯斯丘什科在美國獨立後歸國，成為波蘭·立陶宛議會的議員，挺身反抗俄羅斯、普魯士、奧地利三國瓜分波蘭。他在1792年和1794年兩度率領農民兵與俄軍交戰，戰功彪炳，但最後仍敗北成為俘虜。柯斯丘什科獲釋後流亡美國，援助許多同樣逃到海外的波蘭人，晚年在瑞士終老。

chapter 4

邁向獨立之路

法國大革命與拿破崙

十八世紀末波蘭遭到瓜分滅亡，俄羅斯在黑海周邊對鄂圖曼帝國占了上風後，西歐發生了一件大事。

一七八九年在法國巴黎，無法負荷沉重賦稅的人民群起進攻巴士底獄，之後推翻了王權，國王路易十六（Louis XVI）經國民公會決議判處死刑（法國大革命）。

英國和普魯士等大國領袖唯恐革命的浪潮波及本國，於是派兵向革命後的法國新政權宣戰。法國組成了國民軍，擔任將領的拿破崙（Napoléon Bonaparte）擊潰各國軍隊，在一八〇四年的國民投票後登基為皇帝。

法國成立了非以貴族王侯而以人民為主體的國家，與各國的戰爭（拿破崙戰爭）也擴散到了東歐。由普魯士、奧地利、俄羅斯統治的東歐人民深受其影響，孕育出了民族團結與獨立的意識。

波蘭起死回生？

拿破崙率領的法軍與普魯士、奧地利、俄羅斯開戰。波蘭遭到這三個國家瓜分，因此流離失所的波蘭人期望拿破崙的躍進可以促成祖國復興，甚至還有人主動協助法軍作戰。

一八〇七年，法軍擊敗普魯士，拿破崙在原本由普魯士管轄的地區成立了華沙公國。雖然這個國家的面積比過去的波蘭王國要小，但波蘭人算是暫時復國成功。

華沙公國並非實質的獨立國家，而是由法國統治。即使如此，波蘭人仍期望未來能夠獨立，而

繼續支援拿破崙。

一八一二年拿破崙率軍遠征莫斯科，有多達十萬波蘭義勇兵加入，但這場遠征重挫了法軍，華沙公國就此瓦解。

維也納體系

遠征莫斯科失敗的拿破崙，在一八一五年的滑鐵盧戰役中敗給英國、荷蘭、普魯士聯軍，大勢已去。

戰後，各國代表齊聚奧地利首都維也納，商討戰後的國際秩序。這場維也納會議決定要重建法國大革命以前的歐洲秩序，並且主要由英國、普魯士、奧地利、俄羅斯這四國解決國際之間的問題。這就是維也納體系。

但是，國際情勢根本不可能完全恢復原狀。有許多領邦仍遭到拿破崙占領，一八〇六年滅亡的神聖羅馬帝國也無望復興。

在歐洲政治局勢大幅動盪的時候，東歐人民因為長年受到奧地利、普魯士或鄂圖曼帝國統治，一直未能擁有自己的國家，於是開始關注自己使用的語言和民族歷史，追求獨立。這個動向就稱作民族復興運動。

波蘭受俄羅斯統治

波蘭在華沙公國因拿破崙失勢而滅亡後，成立了新的波蘭會議王國。但這個國家依然不是獨立國家，國王是由俄羅斯沙皇兼任，實質上隸屬於俄羅斯。

同樣地，隸屬奧地利的舊波蘭領土內成立了克拉科夫自由市，隸屬普魯士的舊波蘭領土內則成立了波森大公國。

一八二五年，俄羅斯發生反沙皇專制的十二月黨人起義。尼古拉一世（**Николай I Павлович**）在鎮壓這場武裝起義後登基，逐漸加強打壓威脅自己地位的人士。

一八三〇年十一月，波蘭人在華沙發起獨立運動（十一月起義），但敗給沙皇派來的

1815年的波蘭

軍隊，一年多後，波蘭會議王國正式成為俄羅斯的屬國。當時有許多波蘭人逃亡海外，從此以後，波蘭人的獨立運動據點便轉移到了巴黎。

匈牙利貴族覺醒

法國大革命與拿破崙戰爭的影響也波及到了匈牙利。在十九世紀初，匈牙利人為了脫離奧地利的統治，自由主義派的貴族開始推動普及匈牙利語等文化政策。

此外，他們認為以農業為基礎的社會無助於國家發展，於是試圖轉換策略，放棄農奴制，賦予農民和工人自由，開設工廠從事製造生產。但匈牙利貴族卻因為不願失去既得利益而表示反對。

不過到了一八三〇年代，有越來越多匈牙利貴族體會到要成立近代國家，就必須要有繁榮的產業，而為此必須提升農民的地位。於是，匈牙利的麵粉、糖、纖維等製造業蓬勃發展，銀行也隨之成立。

在這個時期，低階貴族出身的科蘇特（Kossuth Lajos）領導了匈牙利的獨立運動。他在一八三二年成為普雷斯堡（現在的布拉提斯拉瓦）議會的議員，提倡廢除貴族特權，因而一度遭到其他貴族反抗而入獄；不過他在一八四〇年出

當時的日本

1840（天保11）年，中國爆發鴉片戰爭，大清帝國敗給了英國。江戶幕府因此體悟到不能輕易與歐美列強為敵，於是廢除了無條件驅逐外國船隻的異國船打退令，並頒布可以為外國船隻提供飲用水和燃料的薪水給與令。

獄後，又重拾議員的身分繼續活動。

保護波希米亞文化！

位於波蘭與匈牙利之間的波希米亞，也深受拿破崙戰爭影響。神聖羅馬帝國滅亡後，有許多德國人居住的波希米亞隸屬於新成立的奧地利帝國。因此，多數捷克人擔憂自己的語言和文化會消失，便發起保護捷克語等文化的運動。此外，東歐各地也紛紛出現主張斯拉夫民族團結的人士。

另一方面，位於波希米亞東方的斯洛伐克因為受到匈牙利統治，擁有與波希米亞截然不同的文化。這裡也有越來越多人主張將當地人使用的斯洛伐克語作為官方語言。

禁止伊利里亞運動

維也納體系成立後，巴爾幹半島也發生了以克羅埃西亞人為中心的民族復興運動。這場運動亦可引用克羅埃西亞人居住的地名，稱作伊利里亞運動。

伊利里亞運動始於一八三〇年代，是一場發表克羅埃西亞語文藝作品的文化運動，一八四〇年代以後開始出現政治性的發言，由於吸引了許多支持者，導致統治該地區的奧地利政府下令禁止這場運動。

同樣在巴爾幹半島上，位於現在羅馬尼亞東部和南部的摩爾達維亞和瓦拉幾亞，成為俄羅斯與鄂圖曼帝國的爭戰之地。這個對南方的鄂圖曼帝國來說屬於邊境的地區，自十八世紀下半葉開始就有俄羅斯進犯，因此該地經常成為戰場。與拿破崙戰爭同一時期，俄羅斯在與鄂圖曼帝國的戰爭中，獲得了包含摩爾達維亞一帶的比薩拉比亞。之後，摩爾達維亞和瓦拉幾亞受到拿破崙戰爭的影響，開始出現獨立的聲浪。然而兩地都夾在大國俄羅斯與鄂圖曼帝國之間，無法獨立，處於由俄羅斯和鄂圖曼共同統治的狀態。

到了一八二一年，鄂圖曼帝國的屬地希臘爆發獨立戰爭後，俄羅斯的統治擴展到了摩

19世紀上半葉的東歐

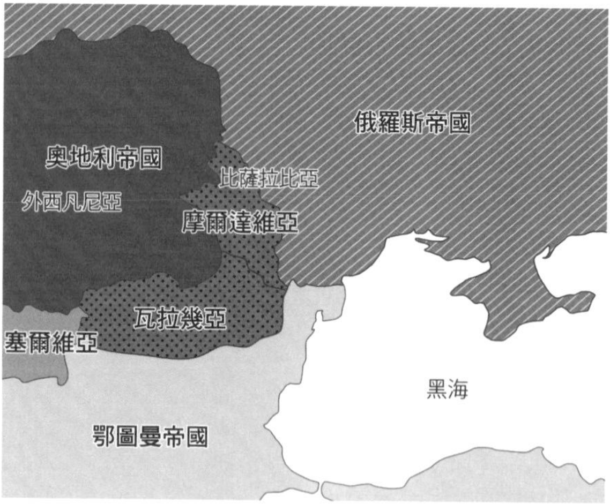

爾達維亞和瓦拉幾亞周邊。

在戰爭期間，俄羅斯占領了摩爾達維亞和瓦拉幾亞，並且根據戰後的條約，兩地必須在俄羅斯的監督下自治。

俄羅斯將軍基謝廖夫（Па́вел Дми́триевич Киселёв），以總督的身分派駐摩爾達維亞和瓦拉幾亞。基謝廖夫在兩地實行了俄羅斯本國未能實現的普通選舉，並允許人民自由從事經濟活動。

這些政策讓摩爾達維亞和瓦拉幾亞的貴族，蘊釀出了兩地共同建立單一獨立國家羅馬尼亞的理想。而摩爾達維亞和瓦拉幾亞在希臘獨立戰爭後，便頻繁與英國等國貿易，開啟了與西歐的交流。

遭到忽略的白俄羅斯與四個烏克蘭

接下來，我們來看俄羅斯統治的各個地區概況。首先來介紹在十九世紀以後開創了新歷史的白俄羅斯。

當地因為瓜分波蘭而成為俄羅斯的領土後，在尼古拉一世的統治下強制推行去波蘭化政策。凡是反對這個政策的地主，土地都會收為國有、改由俄羅斯人管理，波蘭文化因此逐漸消失。

另一方面，在瓜分波蘭以前，白俄羅斯自己的文化總是遭到忽視，不過俄羅斯為了教育農民，才又復興了白俄羅斯語。這個政策使得白俄羅斯人也開始注重自己的文化，但即使農民挺身表達不滿，也會被強大的俄軍鎮壓。

四個烏克蘭（推定）

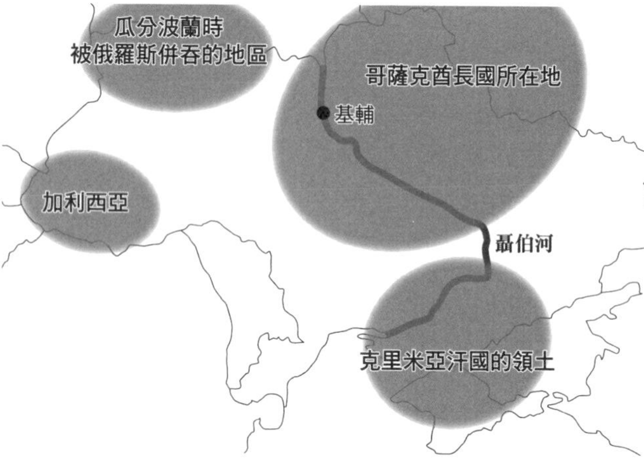

白俄羅斯南方的烏克蘭情況也相當複雜。在十九世紀當時，烏克蘭分裂成四個地區，分別是長久受到俄羅斯統治的基輔一帶（過去的基輔大公國和哥薩克酋長國所在地）、瓜分波蘭後被俄羅斯併吞的地區、黑海北岸一帶（十八世紀末被俄羅斯併吞的克里米亞汗國領土），以及瓜分波蘭後成為奧地利領土的加利西亞地區。

同屬於現在烏克蘭的區域裡，又分為俄羅斯人移居後希臘正教徒較多的地區，和天主教普及後在文化上更貼近波蘭的地區。

由於被俄羅斯併吞的地區已無法挽救，因此烏克蘭的民族運動，便以俄羅斯勢力以外的奧地利領土加利西亞為中心。

人民之春來臨

十九世紀上半葉，奧地利在屬地克拉科夫縮限波蘭人的自治權，打壓獨立運動。在工商業並不發達的波蘭，城市裡的資產階級很少，因此需要占了人口多數的農民參與獨立運動。一八四六年，波蘭農民為了擺脫農奴身分而奮起，但遭到奧地利政府派兵陣壓。另外，在普魯士領土波茲南，也有波蘭人發起獨立抗爭運動，同樣遭到普魯士政府鎮壓。獨立的浪潮因此平息，不過奧地利和普魯士領土內的波蘭農奴都獲得了解放。

一八四八年，法國的都市工人發起二月革命，建立了共和制。歐洲各地受其影響，也紛紛出現推翻專制統治、提倡民族獨立的運動。

匈牙利即將獨立？

領導匈牙利獨立運動的科蘇特，受到一八四八年巴黎二月革命的刺激，在議會上痛批哈布斯堡家族的專制，在演講中要求解放農奴和廢除貴族的免稅特權。雖然下議院通過他的提案，但上議院的貴族並不贊同。

因此，科蘇特將議會裡的提案寫成文章，發送給佩斯的市民。學生和年輕人因此發起示威活動，連帶影響了大批民眾，使得活動規模擴大。

科蘇特憑著這股氣勢，在一八四九年四月發表了匈牙利獨立宣言，並且為了脫離哈布斯堡家獨立而奮起（佩斯革命）。

然而，當時屬於匈牙利一部分的克羅埃西亞不願就此成為少數派，所以站在反對匈牙利獨立的立場。克羅埃西亞人協助奧地利政府軍阻撓匈牙利獨立運動，導致革命失敗，科蘇特則流亡海外。

之後，議會決議解放農奴，奧地利皇帝廢除了工商業者的行會，人民得以自由從事經濟活動。

科蘇特在流亡後，依然繼續在美國和英國號召民眾支持匈牙利獨立，但他最終未能實現獨立的理想，在一八九四年逝世於義大利杜林。

奮起的波蘭人

一八五三年，俄羅斯以保護

巴爾幹半島周邊斯拉夫人為藉口，與鄂圖曼帝國開戰（克里米亞戰爭）。但英國和法國不樂見俄羅斯勢力擴大，便支援鄂圖曼帝國作戰，導致俄羅斯戰敗。

一八五六年，俄羅斯因克里米亞戰爭敗北而陷入混亂之際，波蘭人趁勢以華沙為中心展開獨立運動。

波蘭工人、非嫡系的貴族人士、為逃避徵兵而隱遁於森林裡的人、學生、工匠等群體紛紛發起示威，要求獨立。

雖然這些活動都遭到俄羅斯政府派兵鎮壓，但就連對獨立相當消極的波蘭保守派，也因為害怕遭到獨派批判而選擇支援獨立運動人士。

一八六三年一月，俄羅斯政府宣布徵召波蘭人入伍，令激憤的波蘭人群起反抗（一月起義）。

當時的日本

1853（嘉永6）年，美國海軍將領馬修・培里（Matthew Perry）率領由四艘軍艦組成的東印度艦隊來航浦賀，要求日本開國。此舉令江戶幕府大為動盪，開始走向瓦解。一般而言，從黑船來航事件到大政奉還，這段期間就稱作「幕末」。

但激進派與保守派並未妥善協調，願意出面反抗俄羅斯政府軍的人數寥寥無幾，而且缺乏足夠的武器，又無法向外國求援，即使波蘭人宣布成立國民政府，仍在一八六四年四月遭到俄軍鎮壓。

不過，俄羅斯政府特意承認叛軍頒布的農地解放令，並分發田地給農民；此外，政府還提供地主補助金，以便穩定農民生活，藉此分裂波蘭農民與叛軍的聯繫。變成一盤散沙的波蘭人，最終仍未能脫離俄羅斯獨立。

為避免國家分裂而不獨立

一八六六年，奧地利因統一德國的問題而與普魯士開戰（普奧戰爭），戰敗後國力衰退。這對受到奧地利統治的匈牙利人來說，正是獨立的大好機會。

然而，匈牙利人卻害怕其他少數民族會趁機脫離匈牙利獨立，因此繼續維持現狀，選擇與奧地利和帝國內的斯拉夫民族共存。

曾宣誓效忠哈布斯堡家的匈牙利人要是獨立了，會對奧地利造成沉重的打擊，因此奧地利期望匈牙利人可以留在帝國內，與奧地利政府攜手合作。

於是在一八六七年十月，奧地利與匈牙利的共主邦聯國家——奧匈帝國正式成立。奧匈帝國是由奧地利皇帝兼任匈牙利國王，軍事、外交、財政是由匈牙利和奧地利共組的政府來處理，但兩國有各自的憲法、議會和政黨。

這個體制又稱作「奧地利－匈牙利折衷方案（奧匈妥協）」，簡單來說就是在兩國利害一致的部分找出妥協方案，藉此經營國家。

奧匈帝國的成立，讓匈牙利獲得了外西凡尼亞和克羅埃西亞，成為領土比現在多出一倍的多元民族國家。

在奧地利－匈牙利折衷方案當中，承諾匈牙利可將克羅埃西亞和外西凡尼亞納入領土，因此成為多元民族國家的匈牙利，廣納了原本就住在這個地區的匈牙利人，以及斯拉夫人等許多民族。

奧匈帝國的疆域

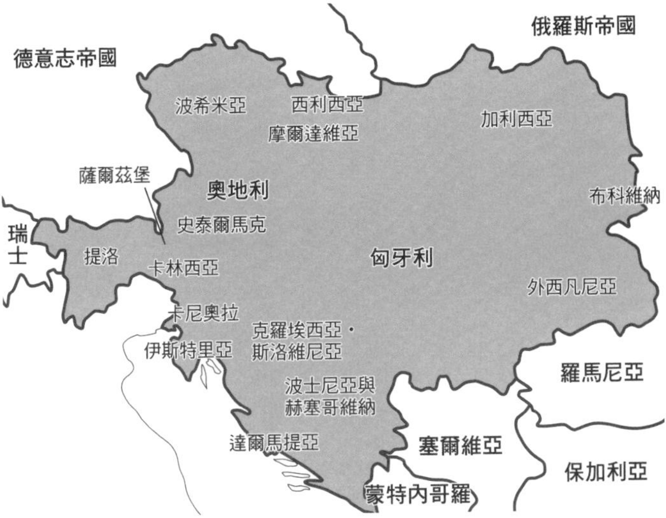

但是，匈牙利起初是馬扎爾人國家，議會上也是以優待馬扎爾人的政策為優先。所以，匈牙利在學校教育中強迫學生學習匈牙利語，引發非匈牙利民族的激烈反彈。

獨立或共存

同樣由奧地利統治的波希米亞，也深受一八四八年二月革命的影響。不過在當時的布拉格，比起波希米亞獨立，反而更重視將奧地利視為聯邦國家、斯拉夫人各民族共存的「奧地利斯拉夫主義」。同年六月，召開了以此構想為基礎的「斯拉夫人會議」。

奧地利斯拉夫主義的思想，被匈牙利和波蘭激進獨立派批為「懦弱」。波希米亞的激進獨立派起義，但遭到奧地利政府鎮壓，「斯拉夫人會議」沒多久便被迫解散。

之後，波希米亞的纖維、食品、鋼鐵等產業大幅發展。奧地利不願放棄波希米亞這個蓬勃的工業地帶，便煽動波希米亞境內期望與奧地利妥協共存的保守派阻止獨立運動。

捷克人提出加入奧地利和匈牙利的共主邦聯、共組帝國的方案，但遭到匈牙利人和波希米亞境內的德國人反對。

斯洛伐克怎麼辦？

一八四八年，科蘇特在匈牙利領導的獨立運動越演越烈，使國內各個民族也分別發起了脫離奧地利的獨立運動。科蘇特發表獨立宣言後，斯洛伐克人也向匈牙利革命政府遞交了要求民族自治的文件，但遭到革命政府拒絕。

奧地利也打壓斯洛伐克人的獨立運動。到一八六七年，奧匈帝國成立後，斯洛伐克人受到更嚴格的管束。

斯洛伐克人對現狀的不滿，促成了日後與波希米亞合併的趨勢。

羅馬尼亞王國誕生

一八四八年的巴黎二月革命對匈牙利等國影響深遠，加上之後「人民之春」的浪朝，也襲向了俄羅斯和鄂圖曼帝國統治的摩爾達維亞與瓦拉幾亞，由瓦拉幾亞貴族伯爾切斯庫（Nicolae Bălcescu）和布勒蒂亞努（Ion C. Brătianu）領導的獨立運動沸騰起來。

但是，這些運動遭到俄羅斯軍隊鎮壓。運動領袖逃亡到巴黎，繼續在當地鑽研自由主義思想、伺機而動。

一八五三年，俄羅斯在克里米亞戰爭中敗給鄂圖曼帝國後，一八五六年在巴黎召開和會，根據同年簽訂的巴黎條約，由英國與法國共同管轄摩爾達維亞和瓦拉幾亞。

當時，摩爾達維亞和瓦拉幾亞也曾考慮過統一，法國與俄羅斯從牽制鄂圖曼帝國的角度來看，也贊成統一的構想；但英國與鄂圖曼帝國唯恐這個地區再度孕育出新的大國，因此表示反對。

在巴黎條約簽署三年後的一八五九年，摩爾達維亞和瓦拉幾亞成立了共主邦聯，摩爾達維亞出身的貴族庫扎（Alexandru Ioan Cuza）當選為親王，「羅馬尼亞聯合公國」就此誕生。

然而，庫扎實施的農地改革和選舉法，卻引發傳統統治階級的反彈，導致羅馬尼亞公國的政局動亂不安。

羅馬尼亞政府在一八六六年，推選拿破崙一族和普魯士王室的親戚卡羅爾（Carol I）成為新的親王。卡羅爾宣稱要脫離英國和法國的管轄，但兩國的管轄權仍持續到一八七七年、羅馬尼亞從鄂圖曼帝國獨立為止。

一八八一年，卡羅爾即位為國王，羅馬尼亞從此成為王國。

是法外之徒發展了民族主義!?

保加利亞自十四世紀末以來都受到鄂圖曼帝國統治，不過到了十九世紀左右，他們和羅馬尼亞一樣，內政受到俄羅斯干涉，與英國的貿易也變得相當興盛。保加利亞在接觸外國的過程中，開始重新看待自己的歷史，修士佩幾細洛斯．奇力安達（Paìsiy Hilendàrski）在一七六二年撰著的《斯拉夫．保加利亞史》成為廣泛的大眾讀物，鼓吹民族團結和獨立的聲浪也因此越來越高。

在鄂圖曼帝國的統治下，以君士坦丁堡教會為主的希臘神職人員獨攬大權，教會儀式中強制使用希臘語，而非保加利亞語。因此，保加利亞教會也出現了追求獨立的意見。

到了十九世紀，出現一群洗劫官員、大地主、大商人等有錢人的保加利亞盜賊，稱作法外之徒（**хайдут**）。他們從鄂圖曼帝國入侵東歐的十五世紀開始，就專門搶劫希臘商人，但是並不會傷害貧窮的農民。

保加利亞大屠殺

進入十九世紀後，因俄羅斯入侵和國內官僚腐敗而動盪的鄂圖曼帝國，從一八三九年開始實施政治改革「坦志麥特」。

這項改革也影響到了保加利亞，當地開始建設學校、提供國外留學獎學金，培育人才的教育變得普及，紛紛出現留學巴黎或維也納的保加利亞人，西歐的自由和平等思想也因此傳入了保加利亞，使保加利亞各地的民族獨立革命運動逐漸擴大。

一八七五年，波士尼亞的農民起義要求減稅。受其影響的保加利亞農民、手工業者、商人、教師、

神職人員，也在翌年四月向鄂圖曼帝國發起暴動（四月起義）。

當時，鄂圖曼帝國軍放火燒燬村莊、屠殺眾多村民，大約花了一個月平息叛亂。這個「保加利亞大屠殺」的消息傳遍了歐洲，使得歐洲及全世界紛紛出現了推翻鄂圖曼帝國的聲浪。

保加利亞親王國成立

保加利亞大屠殺加上種種因素，導致一八七七年，俄羅斯以保護巴爾幹半島的希臘正教徒為名義，向鄂圖曼帝國宣戰，俄土戰爭爆發。

翌年，俄羅斯因為不希望英國介入，便迅速在伊斯坦堡近郊的聖斯泰法諾與鄂圖曼帝國簽署條約。這份聖斯泰法諾條約承認羅馬尼亞、塞爾維亞、蒙特內哥羅完全獨立，成立包含馬其頓的保加利亞親王國，並將比薩拉比亞等地區割讓給俄羅斯，內容全都對俄羅斯有利。

1878年的東歐

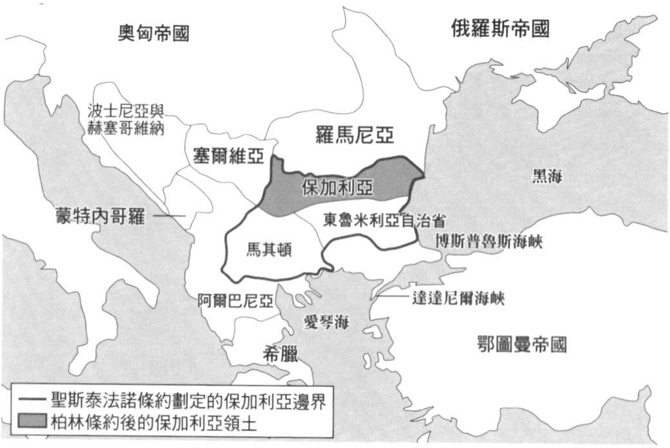

但是，唯恐俄羅斯壯大的英國卻出面抗議聖斯泰法諾條約。同年六月到七月，在德意志宰相俾斯麥（Otto von Bismarck）的調停下，各國召開柏林會議，重新簽署了柏林條約以取代聖斯泰法諾條約。

根據柏林條約，保加利亞的領土縮減、成為需要向鄂圖曼帝國納稅的自治國，並且暫時由俄羅斯統治。也就是說，保加利亞名義上屬於鄂圖曼帝國，但實質政治是由俄羅斯掌管。

一八七九年，保加利亞親王國在俄羅斯監督下制定憲法，推舉俄羅斯沙皇亞歷山大二世（Александр II）皇后的姪子、德國巴滕貝格家族的亞歷山大（Александър I）成為保加利亞大公，強化俄羅斯與保加利亞的關係。

但是在柏林會議上，卻讓保加利亞南部的東魯米利亞回歸成為鄂圖曼帝國領土。保加利亞親王國和東魯米利亞的保加利亞人都不滿意這個決定，一八八五年，東魯米利亞的保加利亞人政治團體發起暴動，亞歷山大大公未徵得俄羅斯的同意，就宣布合併東魯米利亞。

同年，希臘和塞爾維亞認為保加利亞一旦變得強盛，就會破壞巴爾幹半島的勢力平衡，於是大力反對保加利亞併吞的行動，引發塞爾維亞－保加利亞戰爭。保加利亞贏得勝利後，順理成章併吞了東魯米利亞。

然而，保加利亞親王國裡有親俄派與反俄派兩大勢力，九月，亞歷山大大公在俄羅斯的施壓下遜位。之後，籌備獨立運動的反俄派人士斯塔姆博洛夫（Стефан Николов Стамболов）遏制了親俄派、掌握大權，開始專橫的獨裁統治。

一八八七年，斯塔姆博洛夫將薩克森－科堡－哥達家族的斐迪南（Ferdinand I）立為第二任親王，但斐迪南卻試圖靠攏俄羅斯，於是在一八九四年被解除了職務。一八九六年，鄂圖曼帝國與俄羅斯達成共識後，正式認定斐迪南為保加利亞大公兼東魯米利亞總督。

斯洛維尼亞氣勢低靡

位於巴爾幹半島西北部的斯洛維尼亞，從十五到十六世紀飽受鄂圖曼帝國襲擊，導致農民生活窮困潦倒；加上宗教改革的亂象不斷，十六到十七世紀在斯洛維尼亞的新教徒遭到天主教勢力驅逐。斯洛維尼亞開始信奉天主教並使用拉丁文字，因此當地人開始認定這些信仰和語言文字就是「斯洛維尼亞人的文化」。

不過到了十九世紀，斯洛維尼亞也出現了新的轉變。在拿破崙戰爭期間，卡林西亞等部分地區和克羅埃西亞、達爾馬提亞一同併入法國領土，因此斯洛維尼亞語成為官方語言，民族意識逐漸高漲。

一八四八年的「人民之春」，也對斯洛維尼亞造成很大的影響。雖然他們未能在政治上成功獲得自治權，不過用斯洛維尼亞語創作的文學家越來越多，讓斯洛維尼亞語更加普及。

一八六七年奧匈帝國成立，此事並沒有為斯洛維尼亞人社會帶來巨變，不過在某些省議會上，斯洛維尼亞人議員成為多數。雖然有幾個省的斯洛維尼亞人議員增加了，但各省卻沒能整合，所以並沒有發生熱烈的民族運動。

克羅埃西亞與塞爾維亞的聯邦

在各個民族追求獨立或自治的時刻，克羅埃西亞的立場與其他東歐國家稍有不同。當時的克羅埃西亞總督耶拉其恰（Josip Jelačić），年輕時期曾在維也納求學，屬於親奧地利派，他在匈牙利的暴動鎮壓行動上大顯身手，而克羅埃西亞並沒有發起反奧地利的運動，因此在鎮壓行動過後，奧地利政府並沒有對克羅埃西亞做出任何處置。

一八六七年，奧匈帝國成立之際，克羅埃西亞與匈牙利簽署協定，在匈牙利的體制之下得以享有自治權。

之後，克羅埃西亞的民族運動分成兩派，一派主張建立克羅埃西亞人的獨立民族國家，另一派則主張統一南斯拉夫。

克羅埃西亞屬於天主教圈，塞爾維亞屬於東正教圈，雙方的宗教文化截然不同。但是，克羅埃西亞人與境內的塞爾維亞人團體產生了交流，於一九〇五年成立了「克羅埃西亞──塞爾維亞聯盟」。

什麼是波士尼亞主義？

波士尼亞與赫塞哥維納，是由中世紀波士尼亞王國時代以來的波士尼亞、赫塞哥維納、茲沃爾尼克這三個地區組成。雖然這裡包含了穆斯林、希臘正教徒、天主教徒、猶太教徒，但人民都有根深蒂固的地區歸屬感，擁有「我是波士尼亞與赫塞哥維納人」的統一觀念。

一八七五年，赫塞哥維納的天主教徒農民向穆斯林地主發起暴動，牽連到周邊鄰國，最後發展成支持天主教徒居民的俄羅斯與鄂圖曼帝國的衝突（俄土戰爭）。

鄂圖曼帝國戰敗後，哈布斯堡家掌握了波士尼亞的行政權，但往後的統治體制並沒有任何改變，穆斯林地主為求自保，也沒有推行土地改革，導致天主教徒農民的怨氣越發高漲。

到了一八八〇年代，在鄰近的塞爾維亞和克羅埃西亞的推波助瀾下，即使同樣身為波士尼亞與赫塞哥維納人，希臘正教徒卻加強了自己是塞爾維亞人、天主教徒加強了自己是克羅埃西亞人同胞的意識，穆斯林也強化了自身的民族意識。

哈布斯堡家為了平息波士尼亞的內亂，於是推廣「波士尼亞主義」，鼓吹人民依循自己的信仰和民族來培養對鄉土的歸屬感。一九〇八年，哈布斯堡家完全併吞了波士尼亞，於一九一九年採取立憲制，將塞爾維亞和克羅埃西亞代表送進議會。

賣牛商人起義

塞爾維亞長久以來也受到鄂圖曼帝國統治，不過在十八世紀下半葉，鄂圖曼帝國受到俄羅斯和哈布斯堡家威脅而衰退後，塞爾維亞便開始傾向獨立。在十八世紀末哈布斯堡家與鄂圖曼帝國的戰爭中，塞爾維亞人首度派出義勇兵加入哈布斯堡陣營。當時，鄂圖曼帝國軍人（耶尼切里）在塞爾維亞境內為非作歹，令塞爾維亞人的憤怒升溫，於是到了一八〇四年，地區自治團體的長官、商人和神職人員起義反抗。

而且在同一年，還發生了由賣牛商人卡拉喬爾傑（Карађорђе Петровић）領導的叛亂（第一次塞爾維亞起義）。這場叛亂擴散到全境，演變成反鄂圖曼帝國的獨立運動。

一八〇六年，正在與拿破崙作戰的俄羅斯也與鄂圖曼帝國開戰後，塞爾維亞便一舉投入獨立運動。俄羅斯與拿破崙簽訂和約，也與鄂圖曼帝國簽署了休戰條約。

塞爾維亞在一八一五年獲得自治權，後續也持續與鄂圖曼交涉，最終於一八三〇年成為完全自治的公國。

大塞爾維亞主義

塞爾維亞非常嚮往中世紀塞爾維亞王國的繁榮盛世，因此試圖以塞爾維亞為中心，將包括波士尼亞人、克羅埃西亞人的鄂圖曼帝國與奧地利帝國內的斯拉夫民族，整合成為一個國家（大塞爾維亞主義）。

獲得自治權的塞爾維亞境內有兩大政

治勢力，兩者的衝突十分激烈，不過近代國家必備的議會制和政黨制也正逐漸建構中。當時的外交策略就是大塞爾維亞主義。

另一方面，蒙特內哥羅雖然需要向鄂圖曼帝國納稅，但仍保持獨立國家的地位。蒙特內哥羅原本是由教會領袖執政的宗教國家，不過在十九世紀中葉當上主教的達尼洛一世（**Danilo I**）推行政教分離後，蒙特內哥羅在一八五二年成為公國。

一八七六年，塞爾維亞與蒙特內哥羅聯合向鄂圖曼帝國宣戰，取得了勝利。在俄土戰爭後召開的柏林會議（柏林條約），承認塞爾維亞王國與蒙特內哥羅公國獨立。

獨立的塞爾維亞王國推動快速近代化的政策，軍事力量也逐漸壯大，大塞爾維亞主義的思想變得普及，於是也慢慢開始仇視作為日耳曼民族天主教國家的奧地利。

一九〇八年，鄂圖曼帝國內的革命組織「青年土耳其黨人」起義奪取政權。保加利亞在這場政變中趁機獨立，奧匈帝國併吞了波士尼亞與赫塞哥維納。因此，塞爾維亞和波士尼亞境內反奧地利的激進團體勢力便逐漸擴張。

交通樞紐馬其頓

由保加利亞、阿爾巴尼亞與南方的希臘包圍而成的區域，稱作馬其頓。這個地名源自古代亞歷山大大帝建立的國家。

馬其頓長久以來也受到鄂圖曼帝國統治，不過隨著希臘與克羅埃西亞的民族主義高漲，馬其頓也漸漸開始關注馬其頓語、馬其頓的傳統文化和歷史。

然而，馬其頓擁有塞薩洛尼基港，又是穀物產地，位處巴爾幹半島的交通樞紐，因此還需要面臨其他困境。在馬其頓人民充分培養出明確的民族意識以前，周邊各國已經成功自治或獨立，開始對馬其頓虎視眈眈。

在一八七七年的俄土戰爭中，馬其頓遭到保加利亞併吞，不過在俾斯麥主持的柏林會議中又回歸鄂圖曼帝國。

之後，馬其頓境內反鄂圖曼的意識越來越高漲，到了一八九三年八月二日的先知以利亞日，馬其頓內部革命組織蜂起。但是反鄂圖曼勢力未能合作無間，導致這場蜂起在山區以外的各個地方只是一些零星的暴動，分別遭到保加利亞、希臘、塞爾維亞鎮壓且併吞。

之後，為了避免巴爾幹各國為爭奪馬其頓而開戰，歐洲國家開始協商解決之道，但沒有得出有效的策略。

巴爾幹半島的動盪局勢

企圖在巴爾幹半島拓展勢力的保加利亞、塞爾維亞、蒙特內哥羅、希臘這四個國家，在一九一二年組成巴爾幹同盟，同年與鄂圖曼帝國開戰（第一次巴爾幹戰爭）。

當時鄂圖曼帝國已經式微，巴爾幹同盟大獲全勝。塞爾維亞和蒙特內哥羅的領土得以擴大，但卻是由保加利亞獲得馬

當時的日本

1893（明治26）年，三重縣的企業家御木本幸吉經歷長年研究後，成功用阿古屋貝養殖出珍珠。這是世界首度人工養殖珍珠成功的案例，御木本將大量生產的珍珠銷往海外，賺進了萬貫家財，並有了「珍珠之王」的稱號。

第二次巴爾幹戰爭中的各國關係

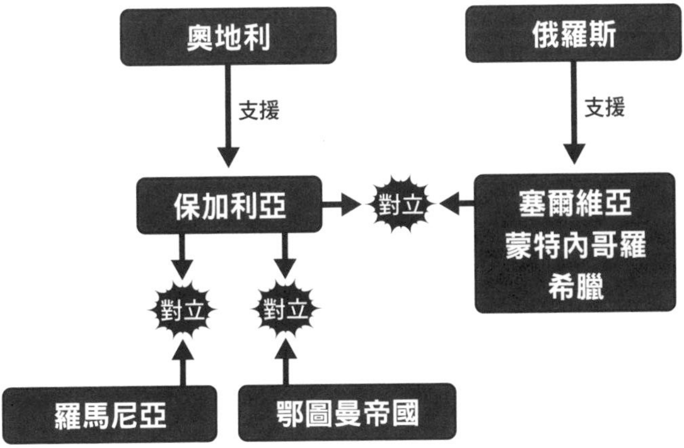

其頓，因而引發同盟內鬥。

塞爾維亞、蒙特內哥羅、希臘、鄂圖曼帝國、羅馬尼亞這五個國家，後續又與保加利亞開戰（第二次巴爾幹戰爭），敗北的保加利亞失去了部分領土。

在兩次戰爭過後，塞爾維亞主張在巴爾幹半島建立斯拉夫聯邦，並親近俄羅斯。另一方面，戰敗的保加利亞、持續受到俄羅斯打壓的鄂圖曼帝國，則是開始靠攏德國和奧匈帝國。

阿爾巴尼亞獨立

阿爾巴尼亞的獨立運動，也隨著十九世紀鄂圖曼帝國的式微而興起。在一八七七年俄土戰爭之際，只有阿爾巴尼亞加入鄂圖曼帝國陣營，所以根據翌年的聖斯泰法諾條約，有部分領土割讓給蒙特內哥羅。因此，阿爾巴尼亞人為了爭取獨立而組成了普里茲倫聯盟。

十九世紀末，阿爾巴尼亞成為各國爭奪的軍事重地。但因阿爾巴尼亞人的反抗加上第一次巴爾幹戰爭的結果，讓各國在一九一二年的倫敦會議上正式承認阿爾巴尼亞獨立。

社會主義誕生

然而，從十八世紀下半葉到整個十九世紀，歐洲盛行資本主義，這是一種使用機器大量生產商品、廉價銷售來賺取利潤的經濟制度。但工廠人員工作時數長卻領低薪，即使因為生病或受傷而無法工作，也沒有任何制度可以保障他們的生活。因此，德國人馬克思（Karl Marx）等思想家，便提倡工人團結共同改善生活環境的社會主義思想。

十九世紀到二十世紀初，在沙皇集權且貧富差距甚大的俄羅斯，社會主義思想在批判政府的人們之間流傳。此外，還有部分社會主義者參與被大國統治的民族發起的獨立運動。

動亂時代的文化人士

在十九世紀，東歐國家歷經戰亂與政變，但也蘊釀了豐富的文化，孕育出許多傑出的藝術家和科學家。

受哈布斯堡家統治的東歐各國音樂家，都紛紛集結於維也納，其中的代表就是來自匈牙利的李斯特．費倫茨（Liszt Ferenc）。他從一八二二年起就讀於維也納音樂學院，留下《匈牙利狂想曲》、《浮士德交響曲》等名曲。他嘔心瀝血設立的匈牙利皇家音樂學院，後來成為李斯特音樂學院。

音樂家弗雷德里克．蕭邦（**Fryderyk Chopin**）出生於波蘭，父親曾經參與過柯斯丘什科起義、反抗瓜分波蘭。蕭邦從華沙音樂學院畢業後，為了躲避俄羅斯的統治，在一八三一年前往法國巴黎。知名的作品有《二十四首前奏曲》、《幻想波蘭舞曲》、《四號敘事曲》等等。

出身於波希米亞的史麥塔納（**Bedřich Smetana**）是捷克的愛國音樂家。他在一八四八年的二月革命中加入捷克獨立派的義勇軍，創作了《國家衛隊進行曲》。在日本也相當知名的交響詩《莫爾道河》，是管絃樂組曲《我的祖國》當中的一個樂章，曲中歌頌了滋潤捷克國土的伏爾塔瓦河（莫爾道河）流域的風景。

在文學領域，最知名的是活躍於十九世紀中期俄屬烏克蘭的果戈里（**Н. В. Гоголь-Яновский**）。他的作品有諷刺地方官員工作情景的《欽差大臣》、描述低階書記員生活百態的《外套》、描述俄羅斯貧民群像的《死魂靈》等小說。果戈里本身深愛烏克蘭，但作品卻是用俄語書寫，因此對托爾斯泰（Лев Толстой）和杜斯妥也夫斯基（Фёдор Достоевский）這些俄羅斯文學家影響深遠。

在科學方面，最著名的是第一位榮獲諾貝爾獎的女性瑪麗・居禮（Maria Skłodowska-Curie）。她出生於華沙，當時的波蘭正處於由普魯士、奧地利、俄羅斯三國瓜分的時代，後來她留學巴黎，與法國人皮耶・居禮（Pierre Curie）結婚，投入物理學的研究。

她在一八九八年發現了會釋出強烈放射線的新元素，並命名為「釙（Polonium）」以紀念祖國波蘭。這項發現與分離出鐳的研究，讓她獲得了兩次諾貝爾獎。

耐人尋味的東歐偉人④

發明交流馬達的電機工程學家

尼古拉・特斯拉

Nikola Tesla

1856～1943年

發明大王愛迪生的最大勁敵

發明家尼古拉・特斯拉是代表塞爾維亞和克羅埃西亞的偉人。在奧地利帝國統治巴爾幹半島西部的時代，特斯拉出生於現在克羅埃西亞西部，父母都是信仰東正教的塞爾維亞人。

特斯拉才華洋溢，除了奧地利帝國的官方語言德語以外，他還精通塞爾維亞－克羅埃西亞語、匈牙利語、捷克語、英語、法語、義大利語、拉丁語。他在1884年遠渡美國，先是任職於愛迪生（Thomas Alva Edison）的電力公司，後來自立門戶，發明了交流馬達和強力變壓器。因此，他與推廣了直流馬達的愛迪生對立，最後是交流馬達成為國際通用的規格。

科學名詞中表達磁場裡磁感應強度的國際單位特斯拉（T），以及美國電動車製造商特斯拉，都是以他為名。

chapter 5

第一次世界大戰

始於東歐的世界大戰

一九一四年六月二十八日，奧匈帝國皇儲法蘭茲・斐迪南（Franz Ferdinand），來到波士尼亞的首都塞拉耶佛視察軍事演習，結果遭到一名塞爾維亞青年暗殺。這起事件導致塞爾維亞與奧地利對立，俄羅斯支持塞爾維亞，德國則支持奧地利。

七月二十八日，奧地利向塞爾維亞宣戰；八月一日，德國向俄羅斯宣戰，並且在當天就占領了立陶宛和拉脫維亞南部。

遭到德軍占領的立陶宛，得到了脫離俄羅斯獨立的大好機會，但拉脫維亞和愛沙尼亞擔心德國人會強化統治，而傾向於繼續留在俄羅斯帝國下爭取自治權。

八月三日，德國也向俄羅斯的同盟法國宣戰。而英國在八月四日向德國宣戰，奧地利在八月五日向俄羅斯宣戰。第一次世界大戰就此爆發。

身為戰爭主角的同盟國（德國、奧地利、保加利亞、鄂圖曼帝國），處於被協約國

第一次世界大戰前夕的歐洲（1914年）

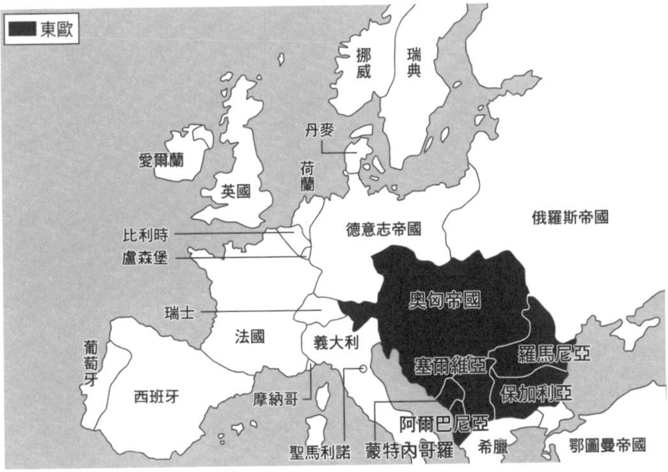

（英國、法國、俄羅斯）包夾的地理位置，由兩大陣營包圍的東歐成為戰場，慘遭砲火肆虐。

東部戰線的主戰場烏克蘭，當時是由俄羅斯帝國和奧匈帝國統治。在第一次世界大戰開始後，這個地區就成了德軍與俄軍激戰的場所。

一九一四年發生於現在波蘭北部的坦能堡戰役中，俄羅斯敗北，德軍占領了波蘭和加利西亞（烏克蘭西北部）。

波蘭在第一次世界大戰中的處境格外複雜。由於波蘭從十八世紀末開始就遭到俄羅斯、普魯士（德國）、奧地利這三國瓜分統治，因此當地人民期望能藉由這場戰爭恢復獨立。

開戰當時，俄羅斯為了取得波蘭人的協助，承諾在戰後讓波蘭獨立。相較之下，德國和奧地利則是在一九一六年成立了波蘭攝政王國，打算拉攏波蘭人來對抗俄羅斯。

自治，或是大奧地利合眾國

第一次世界大戰爆發當時，捷克人是由奧地利統治，斯洛伐克人則由匈牙利統治。因此，在戰場上成為俄軍俘虜的捷克人和斯洛伐克人，被迫與德軍作戰。

捷克境內的主流意見，是在奧匈帝國下擴大自治權，或是建立德國人、匈牙利、捷克人的平等邦聯（大奧地利合眾國）。斯洛伐克也有自己的民族認同，但是為了迴避戰爭造成的混亂，對獨立運動並不積極。就在此時，摩拉維亞出身的議員馬薩里克（Tomáš Garrigue Masaryk）開始思考由捷克人與斯洛伐克人共組聯邦的可能。

馬薩里克出國遊說英國和法國協助，同時也與捷克人和斯洛伐克人交流，培養出越來越多支持者。

一九一五年，身在美國的捷克與斯洛伐克移民支持創建邦聯國家捷克斯洛伐克，並提供了許多援助資金。

捷克國內的議會也組成了國民委員會，建立新國家的運動逐漸擴大。

當時的巴爾幹

作為開戰導火線的巴爾幹半島，情勢十分複雜。身為同盟國一員的鄂圖曼帝國，封鎖了通往黑海與愛琴海的達達尼爾海峽和博斯普魯斯海峽，導致協約國在黑海周邊的後勤補給與濱海作戰吃足苦頭。

阿爾巴尼亞在第一次巴爾幹戰爭中獨立後，成立由德國人維德（Princ Vidi）擔任親王的阿爾巴尼亞公國，但在一戰時期，維德卻逃到了國外。

計劃在第二次巴爾幹戰爭中收復失土的保加利亞，開戰前得到同盟國承諾可取得塞爾維亞領內的馬其頓，另外又得到協約國承諾可取得色雷斯和馬其頓的部分領土。國王斐迪南一世（Ferdinand I）最終決定加入同盟國陣營，於一九一五年十月參戰，擊敗了塞爾維亞和蒙特內哥羅，成功擴張領土。

另一方面，羅馬尼亞在戰爭初期採取中立，但同盟國承諾在勝利後會割讓俄羅斯領土比薩拉比亞，協約國則承諾割讓奧匈帝國領土外西凡尼亞。結果，羅馬尼亞在一九一六年八月加入了協約國。然而在三個月後，羅馬尼亞軍敗給德軍和保加利亞軍，首都布加勒斯特淪陷。

俄羅斯成立社會主義政權

隨著戰爭時間拉長，許多國家的人民生活變得困苦。俄羅斯的情況尤其嚴重，首都聖彼得堡還發生大規模民眾暴動，一九一七年二月二十三日（儒略曆），沙皇尼古拉二世

20世紀初的俄羅斯國內政黨

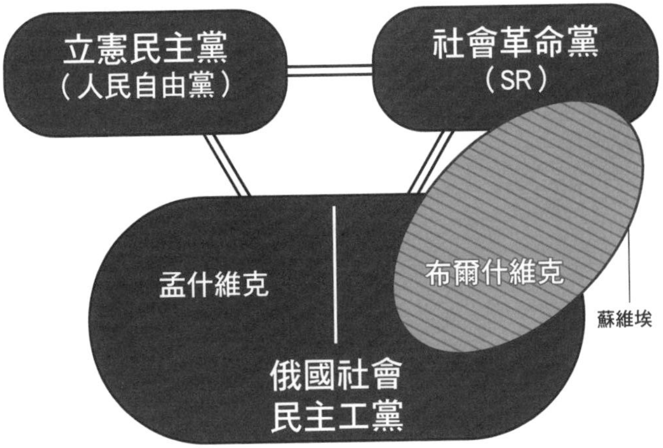

（Николай II）遜位，結束君主制（俄國二月革命）。

當時的俄羅斯有鼓吹自由主義的立憲民主黨（人民自由黨）、鼓吹社會主義的社會革命黨（SR），以及俄國社會民主工黨。人民自由黨、SR和俄國社會民主工黨的孟什維克都參與了革命後的臨時政府，和以激進的布爾什維克為中心的蘇維埃（議會）爭奪政權。

布爾什維克的領袖列寧（Владимир Ленин）呼籲立即停戰、由工人和軍人組成的蘇維埃集權執政。一九一七年十月二十五日，布爾什維克推翻臨時政府，建立了新政府（俄國十月革命）。

然而，布爾什維克沒能在選舉中成為議會最大黨，因此憑武力解散議會、禁止其他政黨活動，成立一黨獨裁的體制。一九一八年三月，布爾什維克改名為俄羅斯共產黨，社會主義政權就此誕生。

革命後的烏克蘭

俄羅斯在一九一七年發生二月革命後，烏克蘭便趁機推動獨立，三月四日在基輔成立中央拉達（議會）。當俄羅斯在戰爭時期勢力衰退之際，原本流亡海外的烏克蘭知識分子紛紛歸國投入獨立運動。

四月，獨立派召開全烏克蘭國民大會，由當選為榮譽議長的格魯舍夫斯基（Михайло Сергійович Грушевський）擔任元首，成立政治機關。中央拉達要求自治，但俄羅斯臨時政府拒絕，雙方談判破裂。

對立的過程中，中央拉達開始在學校教育裡使用烏克蘭語、教授烏克蘭歷史，向人民傳播烏克蘭人的民族認同。

另一方面，俄羅斯臨時政府則是將烏克蘭的教育人員召進聖彼得堡（列寧格勒），加強施壓。在十月革命中成為俄羅斯領袖的列寧也同樣不承認烏克蘭獨立，派軍進攻烏克蘭。

由俄羅斯二月以後成立的臨時政府領導的軍管區司令部、中央拉達及其軍事部門、支持列寧的工人與軍人組成的布爾什維克革命委員會，這三股勢力在基輔抗衡。

十月二十八日，臨時政府領導的軍管區司令部和

布爾什維克爆發衝突，中央拉達則是加入布爾什維克陣營，打敗了支持臨時政府的軍管區司令部。

憑著軍事實力勝出的中央拉達，在基輔以外的各個城市也贏得人民的支持，在十一月七日宣布成立烏克蘭人民共和國。由於當時俄羅斯還沒有正式的政府，因此烏克蘭沒有得到任何反對，直接透過宣言成為獨立國家。

烏克蘭是近代國家

烏克蘭人民共和國在一九一七年十一月發表獨立宣言的同時，也發表了國家的基本原則，開放人民擁有言論自由、出版自由、信仰自由、集會與罷工自由等俄羅斯從不允許的權利。

此外，烏克蘭政府不得干涉人民個人決定，少數民族也擁有自治權，打造出西歐國家的風氣。

中央拉達積極治國，讓英國與法國將烏克蘭視為不同於俄羅斯的國家，為了避免烏克蘭與德奧停戰後成為敵國，便派出外交使節前往基輔建交。

但是，布爾什維克經過十月革命掌握俄羅斯的實權後，並不承認盛產穀物、煤炭、金屬的烏克蘭獨立，在一九一七年十二月十一日，於烏東的哈爾科夫（哈爾基夫）宣布成立親俄的烏克蘭蘇維埃政府。

翌年一月，中央拉達向全世界宣布烏克蘭不會加入蘇維埃共和國，再度強調烏克蘭的獨立主權。布爾什維克軍因此大舉進攻基輔，在一月十四日與十五日的戰役中占領了基輔。中央拉達離開基輔後，烏克蘭蘇維埃政府在一月二十八日成立於基輔。

但是，中央拉達在前一日就已經與德國和奧地利簽訂和約。有德奧聯軍支援的烏克蘭軍重振旗鼓，再度力抗布爾什維克。蘇烏戰爭就此爆發。

中央拉達僅花了兩週的時間就奪回基輔、驅逐布爾什維克軍，於三月選出格魯舍夫斯基成為第一任總統。

德國之所以支援烏克蘭，是為了奪取穀物等各種資源。不久後，德國立刻武力施壓烏克蘭、開始干涉內政，四月二十九日中央拉達被迫解散，同日成立了德國扶植的烏克蘭國。這使得烏克蘭農村的反德情緒升溫。

不過到了一九一八年十一月德國投降後，格魯舍夫斯基政權垮台使烏克蘭國覆滅，烏克蘭人民共和國成功復興。

烏克蘭西部的局勢

前面主要談的都是烏克蘭中部到東部的局勢。在第一次世界大戰以前由奧地利統治的烏克蘭西部，則有截然不同的發展。

一九一八年，奧匈帝國瓦解後，這個地區也迎來了獨立的大好時機。當時反對烏克蘭獨立的是波蘭。

因為以城市利維夫為中心的烏克蘭西部，有許多波蘭人居民。法國為了打壓正在擴張勢力的德國，特別禮遇這個地區的波蘭人。第一次世界大戰結束後，烏克蘭西部為了獨立而與波蘭開戰，結果未能如願獨立。

波羅的海三國獨立

波羅的海沿岸在俄國十月革命過後，獨立運動開始白熱化。布爾什維克掌權後，在愛沙尼亞和拉脫維亞成立了專制政權。

愛沙尼亞人原本只期望擁有自治權，無意獨立，但為了反抗布爾什維克的獨裁統治，而開始傾向獨立建國，在德軍的支援下擊退蘇維埃勢力。一九一八年二月二十四日，愛沙尼亞人成立獨立共和國。

當時的日本

1918（大正7）年3月7日，松下幸之助在大阪市北區創立了松下電氣器具製作所（現在的松下電器）。這家公司從燈座的製造銷售起家，憑藉松下獨具的匠心持續發展，最終成為代表日本的電機大廠。

然而在德軍撤退後，蘇維埃軍又再度來襲，愛沙尼亞人組成國軍抗戰，在芬蘭的援助下與蘇維埃軍作戰，直到一九二〇年二月終於成功獨立。

境內包含了德國領土和俄羅斯領土的拉脫維亞，處於拉脫維亞的民族政權、俄羅斯布爾什維克政權、德國政權分立的狀態，最後是拉脫維亞的民族政權戰勝布爾什維克與德國政權，於一九一八年十一月宣布獨立。

立陶宛國民大會（Taryba）在一九一七年十一月宣布脫離俄羅斯，翌年二月宣布獨立建國。但當時境內有德軍駐紮，實質上仍是由德國占領。之後德國本土發生革命，立陶宛才真正獨立成為共和國。

如果戰爭結束了

在俄國革命後，各國領袖紛紛開始針對「戰後國際情勢」表態。率先表態的是列寧。

十月革命後的隔月，列寧提出「不賠款，不割地，民族自決原則」，表明在戰爭結束後不向敵國和戰敗國求償、不併吞任何國家，應由各個民族自主建國施政。而且，列寧還主張要解放殖民地，廣泛承認各個民族獨立。

美國在第一次世界大戰末期加入協約國陣營，總統威爾遜（Thomas Woodrow Wilson）於一九一八年一月發表了「十四點和平原則」，呼籲各國解決殖民地問題和民族自決。威爾遜的主張和列寧大同小異，但為了避免與英國和法國交惡，所以內容主要是要求敵方德國和鄂圖曼帝國解放殖民地。

對於難以整合成為國家的東歐各國而言，民族自決是理所當然的原則，但該地區的民族結構非常複雜，有些問題仍然無法解決。

革命的連鎖

美國參戰後，同盟國漸漸走投無路。一九一八年九月，保加利亞先是向協約國投降；十月，鄂圖曼帝國投降；十一月，德國和奧匈帝國也投降。

俄國革命也影響了德國與奧匈帝國，因戰敗而權威盡失的德意志皇帝威廉二世（Wilhelm II）和奧地利皇帝卡爾一世（Karl I）相繼遜位。德意志帝國與奧匈帝國就此滅亡，原本由這兩國統治的東歐各個民族迎來了獨立的機會。

一九一九年十月十七日，奧匈帝國制憲議會加入聖日耳曼條約，奧地利確定與匈牙利、捷克斯洛伐克分裂。

此外，條約還宣布成立由塞爾維亞、蒙特內哥羅、波士尼亞與赫塞哥維納、斯洛維尼亞、克羅埃西亞組成的塞爾維亞人、克羅埃西亞人和斯洛維尼亞人王國。波蘭也再度獨立，並獲得加利西亞（烏克蘭的一部分），羅馬尼亞則是得到外西凡尼亞。

捷克軍團的活躍

在大戰初期，捷克人是由奧地利統治，斯洛伐克人則是由匈牙利統治。因此這兩個國家都與俄羅斯作戰，俄羅斯帝國將捷克人與斯洛伐克人俘虜送上前線對抗德軍。

一九一七年二月，俄羅斯發生革命、組成臨時政府後，自大戰初期就與德軍作戰的捷克軍團立刻投降，並且與同樣投降的斯洛伐克人會合，組成約三萬人的大軍。

俄羅斯臨時政府因十月革命而倒台後，捷克軍團流離失所。流亡海外的馬薩里克打算讓捷克軍團取道西伯利亞回國，加入歐洲的德國戰線。

翌年三月，德國與俄羅斯革命政府休戰後，捷克軍團便開始東進。先鋒部隊抵達海參崴時，協約國要求捷克軍團與俄國革命軍作戰。

當時的捷克軍團戰績輝煌，作戰範圍從窩瓦河流域涵蓋到西伯利亞、遠東地區，向全世界展現長年受到奧地利壓抑的捷克人英姿。

「捷克斯洛伐克」第一共和國

奧匈帝國瓦解前的一九一八年十月十八日，馬薩里克宣布捷克斯洛伐克獨立。斯洛伐克在十月三十日宣布與捷克一同建立獨立國家，形式上的捷克斯洛伐克就此成立。

但是在這個時期，匈牙利並不承認斯洛伐克獨立，國際上也不承認。十一月十四日，位於布拉格的捷克斯洛伐克政府根據臨時憲法召開議會，選出馬薩里克成為總統。住在捷克和摩拉維亞的德國人，拒絕為了這份單方面的獨立宣言歸化，期望能與奧地利統一。奧地利政府派出軍隊占領了捷克，但是未能確定國界。

捷克斯洛伐克政府也派出軍隊，開始占領原本是匈牙利領土的斯洛伐克。但是在一九一九年三月，匈牙利發生革命，成立了社會主義政權。新政府派軍進占斯洛伐克，

捷克斯洛伐克的領土（1919年）

並重新占領匈牙利。

之後，各國召開巴黎和會，戰敗國匈牙利將斯洛伐克、烏克蘭西部到波蘭東部的魯塞尼亞地區割讓給捷克。這才終於確定了捷克斯洛伐克的領土範圍。

瓜分波蘭的後遺症

俄羅斯和德國發生革命，解除對波蘭的瓜分統治。波蘭以從大戰前就領導獨立運動的中級貴族約瑟夫・畢蘇斯基（Józef Klemens Piłsudski）為首，開始建立全新的國家體制。波蘭將畢蘇斯基就任為國家主席的翌日，一九一八年十一月十一日訂為獨立紀念日。

翌年一月，波蘭舉行了第一屆普通選舉，並召開議會，一九二一年則制定了新憲法。

但由於波蘭長久以來遭到瓜分統治，各個地區的意見大不相同，導致越來越難維持統一的局面。

俄國革命後的羅馬尼亞

俄羅斯發生十月革命後，同盟國德國與俄羅斯簽訂和約，因此羅馬尼亞也與德國簽訂和約，暫時休戰。

不過，在德國與奧地利敗象已露的一九一八年十一月，羅馬尼亞向德國宣戰，之後便進軍渴望與羅馬尼亞統一的匈牙利領土外西凡尼亞，宣布兩地合併。於是，羅馬尼亞及時成

當時的日本

造成大量傷亡的第一次世界大戰，促成了一九二〇（大正9）年國際聯盟成立。同年，日本也正式加入成為常任理事國。但是會員國嚴厲批判日本侵略東亞大陸的行為，因此日本在1933（昭和8）年退出。

為戰勝國的一員，戰後獲准領有外西凡尼亞。

此外，羅馬尼亞和俄羅斯的國界，普魯特河東方到聶斯特河的比薩拉比亞，在戰後也成為羅馬尼亞領土。一八一二年以後，這個地區原本由俄羅斯統治，但在俄羅斯十月革命後成立摩爾達維亞（摩爾多瓦）民主共和國，並於一九一八年宣布脫離俄羅斯蘇維埃共和國獨立。摩爾多瓦議會期望能與羅馬尼亞統一，因此羅馬尼亞併吞了摩爾多瓦。

羅馬尼亞獲得了外西凡尼亞和比薩拉比亞等許多領土，疆域擴張成戰前的二・五倍，人口也增長成三倍。

國名有矛盾

聖日耳曼條約首開先例，一九一八年十二月一日，塞爾維亞人、克羅埃西亞人和斯洛維尼亞人王國（後來的南斯拉夫王國）宣布建國。這個國家被視為純南斯拉夫人的國家，第一任國王是塞爾維亞人亞歷山大一世（Александар I）。

但矛盾的是，國名裡卻包含了三個民族，而居民還有德國人、匈牙利人、馬其頓人、阿爾巴尼亞人等各個民族，語言和宗教也不盡相同。即使同是塞爾維亞人，歷史和文化又會因地區而異，所以初期難以整合成一個國家。此外，馬其頓地區也改名為科索沃並納入其中。

烏克蘭納入蘇維埃社會主義共和國

成功獨立的烏克蘭，在一九一九年後半遭到企圖奪取豐富資源的周邊鄰國侵略，危機四伏。

西有波蘭軍，北有俄共軍，東南有俄國白軍（支持沙皇的俄羅斯境內反共勢力），西南有羅馬尼亞軍，南方則有法軍，導致烏克蘭各地烽火連天。雖然烏克蘭因為各國軍隊彼此對立而免於覆滅，但政治和社會都陷入混亂。

政府內部在如何處理與波蘭、俄羅斯、法國的關係，以及該如何重建國家體制等議題上無法達成共識，領袖也流亡在外。

俄羅斯共產黨企圖給予烏克蘭一定的自治權、將之塑造成和俄羅斯一樣的社會主義國家，於是在一九一九年一月，烏克蘭蘇維埃社會主義共和國成立。除此之外，俄羅斯各地也成立了多個社會主義共和國，這些國家在一九二二年合併成為蘇維埃社會主義共和國聯盟（蘇聯）。

烏克蘭在同年經歷戰爭的教訓與革命後的內亂，加上斑疹傷寒疫情肆虐，造成一百萬人死亡，處境十分悲慘。

白俄羅斯誕生

與烏克蘭同時成立的蘇維埃社會主義共和國，還有白俄羅斯。

白俄羅斯人屬於東斯拉夫民族，但在中世紀以後併入立陶宛（十六世紀以後則是波蘭立陶宛聯邦）的一部分。十八世紀末三國瓜分波蘭，使這個地區成為俄羅斯領土，白俄羅斯一名到了十九世紀後仍不是正式名稱，而是單純指稱俄羅斯的西北部。

第一次世界大戰前，白俄羅斯人和周邊各國同樣擁有「自己並非俄羅斯人」的民族認同，並且亦在一九〇三年組成第一個政黨「白俄羅斯社會主義會議」。但是在俄國十月革命後，布爾什維克政府卻無視白俄羅斯社會主義會議的存在，導致白俄羅斯的獨立意識更加強烈。

在第一次世界大戰中苦戰的俄羅斯正處於革命造成的混亂，而且遭到德軍占領，於是白俄羅斯社會主義會議的活動人士在一九一八年三月，趁機宣布白俄羅斯人民共和國獨立。這個國家獲得立陶宛和烏克蘭等國承認，但國內還有波蘭人和德國人居民，又沒有憲法和軍隊，尚未建置出國家應有的體制。

到了一九一八年末，德軍進軍白俄羅斯中部的明斯克後，白俄羅斯社會主義會議的活動人士流亡海外，導致白俄羅斯未能發揮國家的功能即滅亡。

後來，德國在第一次世界大戰中敗北，布爾什維克派軍進占白俄羅斯、建立新的國家體制，於一九一九年一月宣布成立白俄羅斯蘇維埃社會主義共和國。一九二二年，白俄羅斯成為蘇維埃社會主義共和國聯盟（蘇聯）的一員。

祕密專欄

東歐特有的食材與名菜

豐饒的大自然與悠久歷史孕育出的飲食文化

烏克蘭名菜羅宋湯，是一種用了在酷寒氣候下才能栽種的紅蕪菁燉成的湯。鄰國波蘭、俄羅斯和波羅的海三國也經常吃這道料理。湯裡還添加了牛肉、雞肉、高麗菜、紅蘿蔔、豆子等多種材料。

內陸國家捷克的主食是肉，在伏爾塔瓦河（莫爾道河）流域一帶，使用淡水鯉魚製作的料理也很受歡迎，像是酥炸鯉魚、鯉魚湯都是聖誕節的經典佳餚。

擁有遼闊平原的匈牙利，畜牧業十分發達，以牛肉、豬肉、蔬菜燉煮而成的匈牙利湯聞名。這道菜的特徵是使用了多達一百種以上色澤鮮豔的甜椒製成的香辛料。匈牙利隔壁的克羅埃西亞，也經常食用加了甜椒的肉料理。

鄰近亞得里亞海的海濱地區，通常會用海鮮入菜，尤其是擠上檸檬汁享用的生蠔，更是當地的特產。

①酥炸鯉魚（捷克）

②甜椒（匈牙利等國）

③木莎卡（保加利亞等國）

④燉高麗菜卷（羅馬尼亞）

保加利亞等國常吃的木莎卡，是一道用蔬菜、絞肉、馬鈴薯泥層層堆疊烘烤出來的千層派。

這道菜是在十五世紀以後，由統治這個地區的鄂圖曼帝國家常菜發展而來。

羅馬尼亞的經典菜，是用高麗菜包裹絞肉後細火慢燉的燉高麗菜卷。為了延長保存期限，這道菜使用了醋醃高麗菜，所以嘗起來有明顯的酸味。

斯洛伐克則是經常以水煮後搗碎的馬鈴薯加上麵粉、起司拌勻作為基底，再加料變化成各式佳餚。

代表20世紀東歐的小說家

法蘭茲・卡夫卡

Franz Kafka

1883～1924年

死後才受到肯定的神祕風格

卡夫卡是在捷克作為奧匈帝國附庸的時代，生於布拉格的猶太人家庭。他拿到布拉克大學法學博士學位後，於1908年進入工人傷害保險協會工作，同時發表小說。

他的作品特徵，是用平實的文筆寫出超乎常理的情節，例如講述一名與家人同住的青年忽然變成一隻巨蟲的《變形記》、描寫用奇妙的機器處死罪犯的《在流刑地》、敘述一名受聘於城堡的土地測量員卻始終進不了城堡的《城堡》等等。卡夫卡因罹患結核病，年僅四十便離世，許多遺稿在他死後出版成書，才開始受到國際矚目。

卡夫卡的作品並不是用捷克語，而是用奧地利的官方語言德語寫成，因此廣受許多德語圈讀者閱讀。奧地利和捷克都分別設立了法蘭茲・卡夫卡文學獎，2006年日本作家村上春樹曾在捷克獲獎。

chapter 6

第二次世界大戰

東歐應作為社會主義堤防

第一次世界大戰後，幾乎確定了東歐各國現在的國家主權和邊界。奧地利失去領土，羅馬尼亞則擴張領土。南斯拉夫各民族集結構成的塞爾維亞人、克羅埃西亞人和斯洛維尼亞人王國誕生，波蘭和俄羅斯的邊界則是重新劃定。

一九二二年，俄羅斯共產黨整合了烏克蘭、白俄羅斯等多個蘇維埃社會主義共和國，成立了蘇維埃聯盟（蘇聯）。

以美國和英國為首的資本主義國家開始防備蘇聯，考慮將東歐國家當作遏止社會主義擴張的堤防。

另一方面，蘇聯則是為了鞏固社會主義體制，打算在東歐扶植更多社會主義國家。

在這個對立的局面下，第一次世界大戰後在東歐成立的各個國家，陸續發生了新國家之間的邊界爭議、歧視少數民族等問題。

一三三天的共和國

一九一八年十月，匈牙利組成了以貴族卡羅伊．米哈伊（Count Mihály）為中心的民族委員會。卡羅伊在十一月成為匈牙利的領袖，但國內不斷發生少數民族追求分治或獨立、農民要求分配土地的反政府示威活動。

此時，由庫恩．貝拉（Kun Béla）帶領的匈牙利共產黨勢力擴大，在翌年三月的大選中取得執政權，成立匈牙利蘇維埃共和國。共產黨試圖推動產業國有化與農地公有化，但是遭到地主和資本家反對而失敗。

鄰近的捷克斯洛伐克和羅馬尼亞，擔心國內的匈牙利人支持共產政權，於是在一九一九年四月進攻匈牙利。結果共產黨直接放棄執政，匈牙利蘇維埃共和國僅維持了一三三天即覆滅。

一九二〇年三月，匈牙利王國復興，但是並沒有國王，而是由奧匈帝國時代的海軍司令官霍爾蒂（Horthy Miklós）擔任攝政、掌握軍政實權。之後根據匈牙利與協約國簽訂的條約，匈牙利將外西凡尼亞割讓給羅馬尼亞，南部割讓塞爾維亞人、克羅埃西亞人和斯洛維尼亞人王國，斯洛伐克割讓給捷克斯洛伐克。

霍爾蒂政權嚴厲箝制國內的反對勢力，穩定了經濟。後來，匈牙利為了重建戰敗後的國家權威並收復失土，開始計劃將奧地利末代皇帝卡爾一世重新扶植為匈牙利國王。

對抗匈牙利

新國家捷克斯洛伐克的外交部長貝奈斯（Edvard Beneš），發現鄰國匈牙利出現不尋常的動向，於是期望與塞爾維亞人、克羅埃西亞人和斯洛維尼亞人王國，以及與羅馬尼亞結盟。但塞爾維亞人、克羅埃西亞人和斯洛維尼亞人王國因為與義大利的領土糾紛而自顧不暇，羅馬尼亞則是不願與蘇聯交惡而採取保守態度，導致同盟未能實現。

一九二〇年，匈牙利王國宣布復興後，捷克斯洛伐克與塞爾維亞人、克羅埃西亞人和

縮小的匈牙利王國領土（1920年）

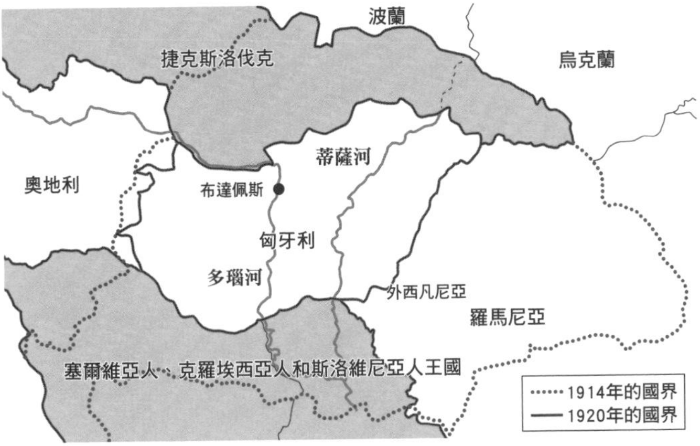

斯洛維尼亞人王國簽訂了互助條約。翌年三月，兩國都擺出不惜一戰的強硬姿態，反對前奧地利皇帝卡爾一世復位成為國王。

之後，捷克斯洛伐克與羅馬尼亞，羅馬尼亞與塞爾維亞人、克羅埃西亞人和斯洛維尼亞人王國各自簽訂了互相援助條約，三國之間的關係就稱作小協約國。

波蘭自一九二〇年四月開始，就為了烏克蘭的邊界爭議而與俄羅斯交戰。翌年三月，波蘭與俄羅斯簽訂和約，暫時解決了問題，當時的波蘭接收了白俄羅斯西部的領土。

之後，波蘭開始與小協約國密切往來，以

對抗匈牙利和蘇聯。而且，波蘭也透過貿易，與西邊接壤的德國加深合作關係，持續進行戰後的復興工作。小協約國也與法國結盟，努力維護在第一次世界大戰中確立的凡爾賽體制。

波蘭小黨林立

在蘇聯和波蘭的領土紛爭結束前夕，波蘭制定了憲法。波蘭參考了法國憲法，採用共和制，行政、司法、立法三權分立，由上議院和下議院組成二院制。

波蘭依據這部憲法在一九二五年舉行的選舉當中，有多達九十二個政黨推出候選人，其中三十多個政黨獲得了席次。許多地區、民族都在議院上各自主張自己的權利。

當時，波蘭東部的地主階級是政治和社會上的主力，與農民互相對立，所以並未推行分配土地給農民的改革政策。這些農民大多不是波蘭人，又對波蘭人地主心懷不滿，甚至衍生成民族問題。

同年，波蘭與最大的貿易對象德國因為關稅問題而發生糾紛，導致農產品的出口量減少，地主的收入也跟著減少，國內面臨經濟危機。

在小黨林立的狀態下，政府無法推出有效的國家政策，因此人民都期望能出現一位強勢的領導者。於是一九二六年五月，在波蘭獨立後領軍抗戰蘇聯的畢蘇斯基發動政變，成為波蘭總理。

但是，畢蘇斯基並沒有想過要推行什麼樣的政策，他無視議會、忽略工人的意見，還限制人民的集會與結社自由，開始獨裁統治。

捷克斯洛伐克人的概念

當時的日本

1926（大正15）年5月24日，北海道的十勝岳火山噴發。這場火山噴發出現大規模的融雪型火山泥流，後來稱作「大正泥流」，造成144人死亡和失蹤。十勝岳在過去3500年，至少發生了11次同類型的泥流。

獨立後的捷克斯洛伐克政府，開始推廣不是捷克人、也不是斯洛伐克人，而是「捷克斯洛伐克人」的民族認同，企圖統一國家。但實際上是由工商業發達的捷克掌握政治主導權，斯洛伐克人沒有自治權和為自己爭取權利的政黨，因此心懷不滿。

此外，議會議員僅限於捷克人與斯洛伐克人擔任，德國人等定居境內的其他民族意見都遭到忽視。不過因為經濟繁榮，加上總統權限有限，所以儘管捷克斯洛伐克有諸多問題，政局依然十分穩定。總統馬薩里克採納主要政黨的意見，順利解決國民的不滿。

南斯拉夫誕生

一九一八年成立的塞爾維亞人、克羅埃西亞人和斯洛維尼亞人王國，以國王亞歷山大一世為首，由塞爾維亞菁英壟斷了政權核心。因此，主張聯邦制的克羅埃西亞人在議會上缺席以示抗議，結果反而陷入由塞爾維亞人獨斷通過法律的惡性循環。

一九二八年，議會內發生塞爾維亞議員殺傷克羅埃西亞議員的事件，於是亞歷山大解散了議會，並在之後禁止民族主義的政黨活動。到了一九二九年，考慮到除了主要的三個民族以外，國內還有少數民族，因此國名改為南斯拉夫。

加強獨裁統治的亞歷山大，一九三四年在法國遭到激進的克羅埃西亞人暗殺。下一任國王彼得二世（Peter II Karađorđević）即位後，擔任攝政的保羅（Павле Карађорђевић）親王給予克羅埃西亞州自治權，表現出妥協的姿態，但國內依舊動盪不安。

政黨操控國王

羅馬尼亞在第一次世界大戰後獲得外西凡尼亞等地區，國內涵蓋了各種民族。在一九一九年的大選中，以外西凡尼亞的羅馬尼亞人為基本盤的民族黨和農民黨贏得了較多席次，共組聯合政府，開始推動土地改革。

但是，國王斐迪南一世（Ferdinand I）聽取了地主的反對意見，對政府施壓，導致聯合政府解散。

之後，資本家支持的自由黨在一九二三年的憲法中擴大國王的權限，試圖採取中央集權，並且在三年後通過法律，規定在選舉中贏得百分之四十選票的政黨可以取得七成的議席。

獨裁者限制了國民的權利和自由，警察和軍隊用武力推行政治，這就稱作極權主義，而在羅馬尼亞，操控國王的自由黨正逐漸邁向極權主義。

獨裁，獨裁

第一次世界大戰的戰敗國保加利亞，處境非常悲慘。保加利亞在戰爭時為了籌措作戰經費，曾經提高國民的稅金，令百姓生活苦不堪言，加上戰後割讓領土，導致國內瀰漫著戰敗的失落感。

一九一九年，為了實現以農民為主的社會，農民聯盟取得了政權、開始推動農地改革，但卻與資本家和共產黨敵對，最終在軍事政變後垮台。

之後，以資本家為中心的民主協商崛起，但僅僅只是主張反共產主義，無法提出具體的施政方向，結果讓有軍隊支持的國王得以實行獨裁統治。

當時的日本

1923（大正12）年9月1日上午11點58分，日本發生關東大地震，震度推測為7.9，受害範圍從南關東涵蓋到東海地區。由於地震發生時正值午餐時間，導致各地發生多起火災，死者多達十萬人以上。

南斯拉夫西南部的阿爾巴尼亞也開始推行獨裁政治。在戰爭時期，阿爾巴尼亞被義大利占領，不過在戰後並未遭到瓜分，得以延續下來。

一九二〇年，阿爾巴尼亞首度召開議會，兩年後，穆斯林兼大地主的軍隊司令官索古（Zog）成為總理。但是在一九二三年的選舉中，索古帶領的勢力未能贏得大選，反索古派人士還發動政變。索古先是逃往南斯拉夫，翌年再率軍歸國、打倒反對勢力，於一九二五年成為總統。

索古在就任總統前，學習了義大利奉行的法西斯主義（極權主義）。他根據這個思想，運用軍隊和警察等公權力控制反對勢力，在一九二八年修憲、即位成為國王。

一國社會主義，或世界革命

在東歐陸續建立新國家時，一九二一年，蘇維埃政府採取暫時開放私人企業和農產品自由買賣的新經濟政策（NEP），重振經濟。

一九二四年列寧去世後，繼任為蘇聯領導人的總書記史達林（Иосиф Сталин），提倡蘇聯不需仰賴他國、獨自推動社會主義的「一國社會主義」。而領導革命軍的托洛斯基（Лев Троцкий），則是提倡其他國家也應當發動社會主義革命的「世界革命論」，理念與史達林衝突。結果，托洛斯基在一九二七年遭到驅逐出境。

從此以後，史達林陸續逮捕、處死反對自己的人馬，鞏固了獨裁體制。

經濟大蕭條襲向東歐！

一九二〇年代的世界經濟在美國的財政援助下，

各國產業都在順利復興。

然而到了一九二九年十月二十四日，華爾街的股市大崩盤（黑色星期四），美國因此收回投注在歐洲的資本，讓好不容易復甦的歐洲經濟嚴重混亂。

先進國家的消費能力大跌，導致包含東歐在內的後進國家穀物產品無法出口，陷入經濟大蕭條。

讓第一次世界大戰後的戰勝國得以瓜分領土、求償巨額賠款的凡爾賽體制，令德國的民怨逐漸沸騰，結果促成了主張突破現狀的納粹黨興起。

法國竟與蘇聯簽署互不侵犯條約

另一方面，蘇聯在經濟大蕭條後的一九二九年起，推動全國工業化的第一個五年計劃，使鋼鐵、石油、電力等領域大幅發展。

此外，農業也逐漸集體化，增設國營農場和集體農莊。在新經濟政策（NEP）的實施下，富裕的自營農民失去土地、被流放到西伯利亞，導致農民的生產意願下降，造成糧食不足。

在國際上孤立的蘇聯，與同樣孤立的德國在一九二二年簽署拉帕洛條約。戒備德國的法國，也在一九三二年與蘇聯簽署互不侵犯條約。在當時的東亞，日本掌握了與蘇聯相鄰的滿州（中國東北部）的實權、軍備不斷擴大，因此蘇聯才希望與德國和法國交好。

東歐將會如何？

和德國與蘇聯接壤的波蘭為了自衛，在一九三二年與蘇聯簽訂互不侵犯條約，並且為了對抗德國而試圖強化與法國的邦交，但因為法國與蘇聯簽署了互助條約，波蘭只好與德國簽訂互不侵犯條約。對於強化獨裁的畢蘇斯基來說，要保護國家只能出此下策。

匈牙利的元首霍爾蒂將經濟大蕭條的混亂歸咎於凡爾賽體制，開始要求擴張軍備、更改國界。南斯拉夫、羅馬尼亞、保加利亞、阿爾巴尼亞的國王也以國家安全與重振經濟為名目，各自推行獨裁統治。

蘇聯實行的獨裁專制，比東歐任何國家都要嚴格。史達林在一九二五年，將窩瓦河下游的都市察里津改名為史達林格勒，從此掌握了足以稱作個人崇拜的絕對權力。蘇聯在一九三六年頒布的憲法，甚至還稱作史達林憲法。

捷克斯洛伐克解體

這時的德國，由希特勒（Adolf Hitler）領導的民族主義派納粹黨掌握了政權，再度重整軍備，主張要收復在第一次世界大戰失去的領土。

德國強化軍事實力後，在一九三八年強迫捷克斯洛伐克割讓蘇台德地區。歐洲各國代表在慕尼黑召開會議，捷克斯洛伐克的代表貝奈斯原本期望英國和法國會伸出援手，卻沒想到兩國都害怕與德國開戰而妥協，只好接受了德國的要求。

希特勒的野心並沒有因此滿足。一九三九年，德國拉攏了斯洛伐克支持民族主義的神

1938年的歐洲

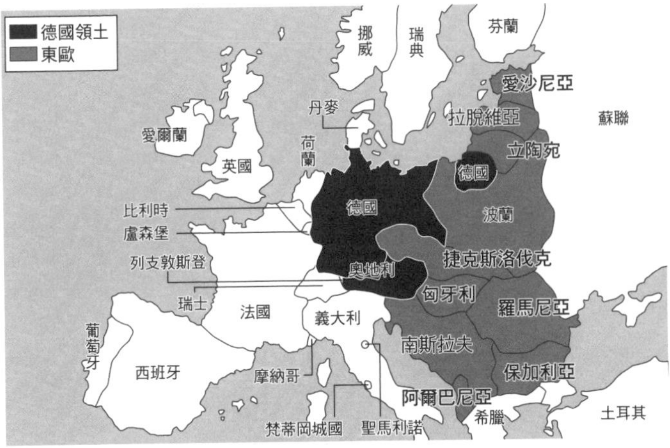

父蒂索（Jozef Tiso），讓斯洛伐克脫離捷克獨立，並占領捷克剩下的地區。捷克斯洛伐克就此解體。

波蘭再度遭到瓜分

波蘭雖然與德國簽署了互不侵犯條約，但是在一九三五年，德國納粹政權宣布重整軍備以後，局勢就變得動盪不安。一九三九年三月，德國強迫波蘭割讓第一次世界大戰前原本屬於德國的領土。

希特勒雖然仇視蘇聯，但還是在一九三九年八月和蘇聯簽訂了互不侵犯條約，以防和英國與法國開戰。這份條約是不可公開的最高機密，內容包含由德蘇兩國瓜分波蘭，蘇聯統治拉脫維亞和愛沙尼亞，德國則統治立陶宛和比薩拉比亞，完全不顧波羅的海三國和波蘭人的意志。

波蘭不斷拒絕德國割讓領土的要求，直到同年九月一日，德軍終於進攻波蘭。英國和法國如今再也無法袖手旁觀，於是向德國宣戰，第二次世界大戰就此爆發。

這時波蘭的強大領袖畢蘇斯基早已去世，軍備也已經老舊，轉眼間就敗給了德軍的坦克部隊和航空隊。九月十七日，德國和蘇聯按照先前的祕密議定書，分別占領了波蘭的東西部。翌年，波羅的海三國也在遭到蘇聯軍占領之後，成為蘇聯的一部分。

加盟德國以對抗蘇聯

第二次世界大戰剛爆發時，巴爾幹半島的情勢較為穩定。但是在一九四〇年六月，法國向德國投降後，蘇聯便依照德蘇互不侵犯條約的祕密議定書，派軍進攻羅馬尼亞，併吞了比薩拉比亞。

匈牙利眼見羅馬尼亞失去了比薩拉比亞和南多布羅加，認為這是絕無僅有的大好機會，便在八月三十日從羅馬尼亞手中奪占了北外西凡尼亞。保加利亞也跟著侵略羅馬尼亞，收復舊領土南多布羅加。於是，羅馬尼亞幾乎失去所有在第一次世界大戰贏得的領土。

到了一九四〇年九月，日德義三國組成軍事同盟，象徵著歐亞

1941年～1944年的羅馬尼亞版圖

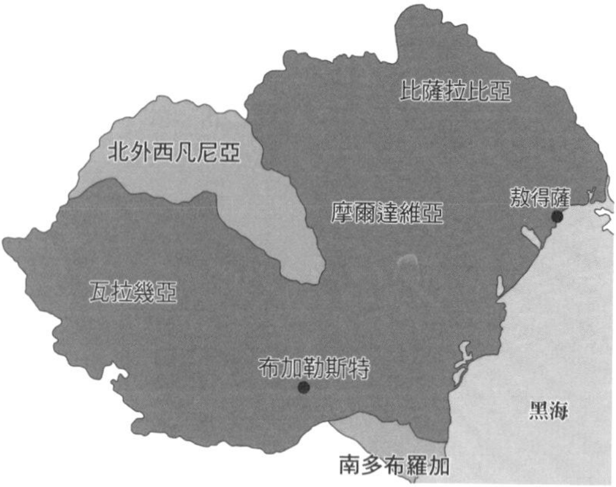

大陸的蘇聯包圍網。同年十一月，羅馬尼亞和匈牙利陸續加盟。這個以三國同盟為中心的勢力，就稱作軸心國。

羅馬尼亞加盟是為了對抗蘇聯，匈牙利則是要以德國為後盾、維護國家安全。

翌年三月，保加利亞也加入軸心國，原因是與其和德軍為敵，不如成為盟友更能保衛國家，為了在大戰中保持中立而盡全力做好外交。

四分五裂的南斯拉夫

繼匈牙利、羅馬尼亞後，保加利亞也加入

了軸心國，南斯拉夫陷入四面環敵的窘境。因此，南斯拉夫只好簽署條約，以德軍允諾不入侵、無參戰義務為條件加入軸心國。

之後，國民痛批與德國簽訂條約的茨維特科維奇（Драгиша Цветковић）政府，高呼「寧戰不屈！」反德派的空軍參謀長西莫維奇（Душан Симовић）率軍占領了政府和軍事重地，與蘇聯簽訂互不侵犯條約。

希特勒認為南斯拉夫背叛了德國，一怒之下派兵進攻。於是在一九四一年四月六日，繼德軍之後，義大利軍、匈牙利軍、保加利亞軍也進攻南斯拉夫。未能順利與英國和希臘合作的南斯拉夫全面潰敗，首都貝爾格勒在短短一週淪陷，數日後投降，國王彼得二世逃亡到埃及開羅。

之後，南斯拉夫遭到同盟瓜分占領。塞爾維亞成為德國的軍事據點，北部的斯洛維尼亞北部由德國占領、南部由義大利占領。

另一方面，克羅埃西亞的民族主義者成立了一個名叫烏斯塔沙的組織。克羅埃西亞境

第二次世界大戰初期的國際情勢

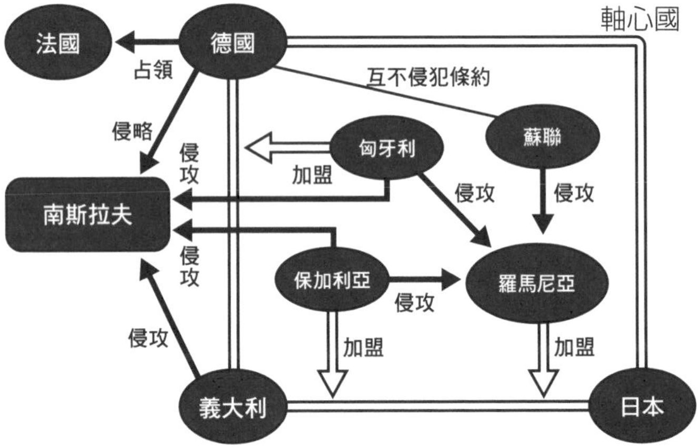

內親德人士較多的地區成為獨立國家，還併吞了波士尼亞與赫塞哥維納、斯洛維尼亞、佛伊弗迪納。

此外，烏斯塔沙還如同納粹德國迫害猶太人一般，以塞爾維亞人為中心進行種族清洗。

擊退義大利和德國

阿爾巴尼亞在一九三九年遭到義大利占領。因此，支持流亡國王的保王派、共產主義勢力，以及阿爾巴尼亞民族主義者自行組成反抗團體，抵抗義大利的統治。共產主義勢力獲得南斯拉夫共產黨的支持，一九四一年十一月在地拉那召開會議，組成由霍查（Enver Hoxha）擔任總書記的阿爾巴尼亞共產黨。

翌年，以共產黨為核心的民族主義，和反國王派勢力組成阿爾巴尼亞自救會，向義大利開戰。最後，為了併吞有許多阿爾巴尼亞人的科索沃，阿爾巴尼亞共產黨與民族主義勢力發生對立，結果演變成內戰。

一九四三年，共產黨從投降的義大利軍手中搶走武器，在內戰中處於優勢，接著與取代義大利軍而來的德國交戰，最終在一九四四年十一月自行解放了首都地拉那。

東歐VS蘇聯

受到德國控制的東歐各國，從一九四一年六月二十二日開始與蘇聯作戰。這一天，德國違背了與蘇聯簽訂的互不侵犯條約、開始進攻蘇聯，首當其衝的就是波羅的海三國。

開戰後立刻遭到德軍占領的波羅的海三國，則是試圖與德國聯手擊退蘇聯，以便爭取獨立或是設法脫離蘇聯的掌控。

但是，立陶宛的獨立運動遭到德軍鎮壓，拉脫維亞則是因為蘇聯入侵而失敗。愛沙尼亞試圖與德國合作，也因為蘇聯入侵而未果。最後，波羅的海三國都受到蘇聯統治。

控制了比薩拉比亞的羅馬尼亞往東進軍，占領了黑海北岸的敖得薩。之後，羅馬尼亞也派兵前往德蘇戰爭最大規模的戰場史達林格勒。

保加利亞由於國內有眾多親蘇聯人馬，所以並沒有加入對抗蘇聯的戰爭。

國家分裂的南斯拉夫，組成了對抗侵略者德國的游擊隊，其核心人物狄托（Јосип Броз Тито）是個共產主義者，他雖然是克羅埃西亞人，卻主張與塞爾維亞等其他民族合作。

當時的日本

第二次世界大戰期間，日本是德國的同盟。但是身為日本駐立陶宛領事的杉原千畝，卻私自幫助大批猶太人出境，以逃離納粹政權的迫害。他的獨斷行動在戰後數十年才獲得肯定，立陶宛當地的「杉原街」即是以他為名。

游擊隊破壞了鐵路、通訊線路、機場等公共設施，在成功驅逐德軍的地區建立「解放區」。

蘇聯在第二次世界大戰中將克里米亞半島作為對抗德軍最前線，強迫當地的克里米亞韃靼人移居西伯利亞和中亞，改由俄羅斯人入住。這使得克里米亞半島的民族結構變得複雜，俄羅斯人之間也衍生出歧視問題。

第二次世界大戰終結

一九四三年二月，史達林格勒的德軍向蘇聯軍投降。一九四四年到四五年，蘇聯解放了由德國占領的羅馬尼亞、保加利亞、波蘭和匈牙利。

南斯拉夫方面，狄托領軍的游擊隊在一九四四年十月奪回貝爾格勒後，沒有依靠蘇聯的幫助便獨力戰勝德軍。一九四五年十一月，狄托率領的共產黨贏得大選，建立了南斯拉夫聯邦人民共和國。

一九四四年六月，美軍登陸歐洲，陸續解放了西歐的淪陷地區。走投無路的希特勒在一九四五年四月三十日自戕，蘇聯軍占領柏林，歐洲方面的戰爭就此結束。同年九月，日本投降，席卷全世界的第二次世界大戰才終於結束。

此外，納粹德國在戰爭期間迫害猶太人的暴行也公諸於世，東歐的部分國家和地區亦發生過歧視猶太人的現象。

戰爭結束前的共識

帶領同盟國對抗軸心國的英國首相邱吉爾（Winston Churchill）、美國總統羅斯福（Franklin D. Roosevelt）、蘇聯最高領導人史達林，在德國投降三個月前，曾在克里米

第二次世界大戰前後的波蘭領土

亞半島的雅爾達商討戰後的處置（雅爾達會議）。

會議中針對東歐的話題，主要是關於波蘭的新政權、波蘭的國界，以及南斯拉夫的新國家結構。波蘭的問題在於有英美支援的流亡政府，以及由蘇聯扶持的政權，英國和蘇聯為了要以何者作為新政權而對立。

最後，美國在戰後實施了公民投票，得出三國皆同意的妥協方案。波蘭東部的國界恢復成第一次世界大戰後劃定的界線（寇松線）。

南斯拉夫方面，狄托與英國推舉的政治人物伊萬．舒巴希奇（Ivan Šubašić）簽署協定，由此成立新政府，並決議擴大反法西斯人民解放委員會，作為臨時的國會。

東歐戰後的命運，在戰爭結束前就已經透過雅爾達會議定調了大方向。

東歐的奇才

在爆發兩次世界大戰的二十世紀，東歐各國在科學及文化領域上都出現了名留青史的各種奇才。

捷克斯洛伐克小說家卡雷爾．恰佩克（Karel Čapek）在一九二〇年發表的劇作《羅梭的萬能工人》（R.U.R）中，發明了機器人的英語「robot」。另外他還寫下了《醫生的童話》、科幻小說《山椒魚戰爭》等作品，同時也與開國元勛馬薩里克有深交，亦留下許多文化評論文章。

出生於匈牙利的數學家馮紐曼（John von Neumann），是電腦科學理論的奠基者。他將擁有算術邏輯單元、控制單元，由儲存程式運作的一般計算機（電腦），稱作「馮紐曼架構」。一九三〇年移民美國，從事人工智慧與核子動力的研究。

同樣出生於匈牙利的比羅・拉斯洛（Bíró László），專門研究將高黏度的墨水應用於筆記文具的方法，經歷重重失敗後，終於在一九三八年獲得原子筆的專利，並且廣為世界各地使用。

畫家馬克・夏卡爾（Марк Шагал）出生於現在白俄羅斯北部的維捷布斯克。他從聖彼得堡皇家藝術促進學校畢業後就前往法國巴黎，初期是採取寫實畫風，後來融入了立體主義手法，使用大膽的色彩並將描繪對像解析成多角形碎片，對一九二〇年代後的畫家畢卡索（Pablo Picasso）、達利（Salvador Dalí）等人推廣的超現實主義繪畫影響深遠。第二次世界大戰後，夏卡爾還繪製了巴黎歌劇院的天頂壁畫、製作漢斯主教座堂的彩繪玻璃等等。

耐人尋味的東歐偉人⑥

傳遞戰爭真相的攝影師

羅伯特・卡帕

Robert Capa

1913～1954年

奔走世界各地的戰場

卡帕是知名的攝影記者，本名是安德魯・弗里德曼（André Friedmann），出生於匈牙利首都布達佩斯的猶太家庭。

他青年時期在德國柏林學習攝影，但是在迫害猶太人的納粹政權崛起後便移居法國巴黎。1936年爆發西班牙內戰時，他親赴戰場拍下了許多戰地照片、投稿美國《生活》雜誌，引發話題。此外，對身陷內戰的西班牙國民寄予同情的畫家畢卡索、作家海明威（Ernest Hemingway）和他都有深交。

第二次世界大戰期間，卡帕成為同盟國軍的隨行攝影記者，走遍各國戰場，最後是在越南的第一次印度支那戰爭中，為了拍攝而誤踩地雷身亡。後世為了紀念卡帕，便以他為名成立了羅伯特卡帕攝影金獎，用以表彰傑出的攝影記者。

chapter 7

冷戰時期的東歐

冷戰的舞台

第二次世界大戰後，對同盟國軍的勝利有重大貢獻的美國和蘇聯，成為在國際社會上角力的兩大國家，形成雙方對立（冷戰）的局面。

而冷戰的舞台位在一開始就有爭議的地方，即最鄰近蘇聯的東歐。大戰末期，蘇聯占領了羅馬尼亞和匈牙利，開始干涉東歐各國的內政、強化影響力，計劃在各國建立以共產黨為中心的獨裁體制。

至於戰敗的德國，東部領土遭到蘇聯占領，西部則由美國、英國、法國占領。首都柏林雖然位於東部，但市區又分成蘇聯占領的東柏林，與英美法占領的西柏林，成為冷戰的最前線。

前英國首相邱吉爾在一九四六年三月前往美國富爾頓學院演講，將北至波羅的海斯德丁、南至亞得里亞海里雅斯德的界線稱作「鐵幕」。從此以後，支持美國的自由主義陣營就稱作西側，支持蘇聯的社會主義陣營則稱作東側。

捷克斯洛伐克是「東西的橋樑」

在第二次世界大戰中成為德軍與蘇聯軍戰場的捷克斯洛伐克，因為流亡政府位於英國，所以被歸類為戰勝國。

流亡政府的領袖貝奈斯在西歐國家的聲望極高，而且與蘇聯友好，由他領導的捷克斯洛伐克共產黨也深得民心。

於是在一九四五年十二月，貝奈斯在蘇聯軍撤出捷克斯洛伐克後歸國，在隔年的選舉中，捷克斯洛伐克共產黨成為第一大黨。包含共產黨的聯合政府加入了蘇聯領軍的東側社會主義陣營，實施農業改革、發放土地給貧窮農民和農業勞工，並逐漸將大型企業收為國有。

不過，捷克斯洛伐克仍與西側各國保持友好，與流亡政府所在地英國也有政治和經濟上的交流，儼然有望成為「東西的橋樑」。

失去東部，獲得西部

位於捷克斯洛伐克北方的波蘭也在第二次世界大戰中成為戰場，所以將流亡政府設置於英國。戰爭期間，由於蘇聯做了兩件事令波蘭懷恨在心，因此波蘭明確表達出反蘇聯的立場。這兩件事，分別是在一九三九年九月蘇聯軍疑似處決多名波蘭將領的隔年發生的卡廷大屠殺，以及蘇聯未積極支援反抗德軍的波蘭人在戰爭末期發動的華沙起義。儘管蘇聯有能力幫助波蘭人，卻見死不救。

在戰爭結束後歸國的流亡政府，與重視蘇聯邦交的共產黨對立。當時渴望拉攏波蘭的蘇聯，還組織了對共產黨唯命是從的警察和軍隊，但波蘭的民意仍隨著冷戰對立的局面分裂成兩大派。

而且，戰後劃定的新國界也令波蘭人不知所措。波蘭在第一次世界大戰中曾與蘇聯交

羅馬尼亞的版圖（1944～1947年）

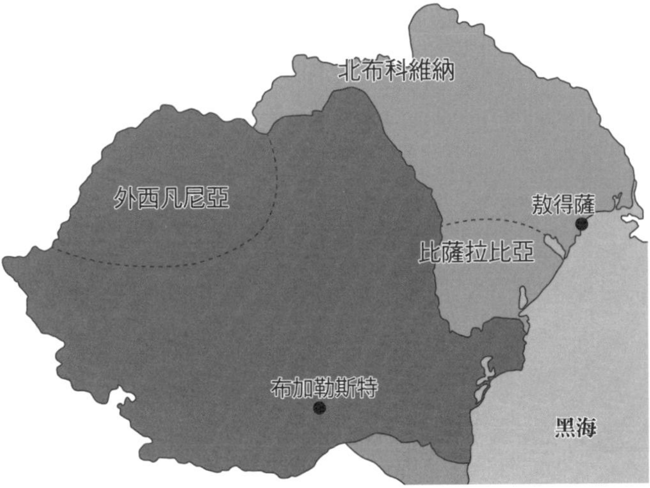

戰、將領土往東擴張，但是在第二次世界大戰後，這部分卻成了蘇聯的領土。雖然波蘭獲得了戰敗國德國西部的領土作為補償，但這個地方本來就沒有波蘭人，令他們無從治理。

羅馬尼亞停戰與戰後

以軸心國立場奮戰的羅馬尼亞，在一九四四年三月被蘇聯、美國和英國攻陷後，狀況大幅改變。由國王的親信、共產黨和民族農民黨（國家農民黨）組成的國民民主集團，在八月發起了政變、推翻政府。國王米哈伊一世（Mihai I）與蘇聯停戰，宣布與德國開戰。九月十二日，羅馬尼亞與同盟國簽署停戰協定，讓蘇聯代表進駐，並且將比薩拉比亞和北布科維納割讓給蘇聯，但從匈牙利手中收復了舊領土北外西凡尼亞。

戰後，羅馬尼亞共產黨獲得蘇聯支持，勢力逐漸壯大，迫使國王在一九四七年退位。羅馬尼亞人民共和國就此成立。

保衛國家的南斯拉夫與阿爾巴尼亞

由平民百姓組成游擊隊抗戰德軍的南斯拉夫和阿爾巴尼亞，都是在沒有蘇聯的支持的情況下，戰後由共產黨強勢執政。

南斯拉夫在一九四五年十一月二十九日廢除君主制，宣布成立南斯拉夫聯邦人民共和國。在戰爭時期流亡英國的國王彼得二世沒有宣布遜位，只是遷居美國。翌年，南斯拉夫參考蘇聯憲法頒布了新憲法，規定十八歲以上的男女皆有選舉權，但只有共產黨推派的人才能參選。

阿爾巴尼亞則是在游擊隊領袖兼阿爾巴尼亞共產黨創立者霍查的帶領下建設新國家。在戰爭結束後，阿爾巴尼亞得到南斯拉夫的大力支援，受其掌控。但是，阿爾巴尼亞和南斯拉夫後來為了爭奪鄰近的科索沃而對立。最後是南斯拉夫承認阿爾巴尼亞新政府的主權，才得以將科索沃納為領土。

一九四六年一月，阿爾巴尼亞廢除君主制，宣布成立阿爾巴尼亞人民共和國，兩個月後制定新憲法，後來主權也獲得西歐各國承認。東歐各國就此陸續成立了社會主義體制。

東歐與眾不同的社會主義

十九世紀開始，擁有選舉權的人民透過議會實現民意的民

當時的日本

在日本無條件投降的隔年，1946（昭和21）年1月1日，昭和天皇頒布詔書，親自否定了直到戰前都廣為人民信奉的「天皇是神」的觀念。這份詔書通稱為《人間宣言》。順便一提，這是日本史上第一份加上濁點、逗點符號的詔書。

主主義思想，在西歐變得十分普及。相較之下，在第二次世界大戰末期到戰爭剛結束時的東歐，則是推廣「成立由人民（工人和農民）實踐社會主義的國家」的獨特理念，這種思想就稱作人民民主。

當時擔任保加利亞共產黨總書記的季米特洛夫（Георги Михайлов Димитров），說過「各國人民毋需完全依循蘇聯的社會主義，而是依循各自的歷史、民族、文化條件，以各自的手段實現社會主義」，言下之意就是要遠離蘇聯的社會主義，以獨立自主的路線建構政治體制。

波蘭臨時政府的副總理哥穆爾卡（Władysław Gomułka），基於自身在戰爭期間留在國內對抗蘇聯的經驗，決定採取和蘇聯不同的方法來建構社會主義體制。

南斯拉夫的狄托，也主張南斯拉夫的社會主義才符合人民民主。匈牙利民族農民黨的畢波·伊斯特萬（Bibó István），則是主張「應在東側的民主主義與西側的民主主義之間，思索出第三條路」。

農業生產力持續低靡

東歐的工業化腳步落後西歐，各國共產黨皆重視農業，波蘭和匈牙利都實施了農業改革。在這之前，政府會沒收貴族、大地主、教會、戰爭罪犯的土地，分配給貧窮的農民和沒有土地的工人。但是，個人經營的農業規模太小，收穫量也不多。因此從一九四八年開始，東歐各國在蘇聯的指導下設立了生產合作社，採取由農民合作提高生產力的體制。然而，東歐的農民強烈希望擁有自己的土地，許多人不願意被共產黨搶走農地，導致政策成效不彰。

產業國有化

在農業改革的同時，共產黨也十分重視經濟政策。具體的經濟政策，就是將過去由德國人和主導戰爭者私有的產業國有化。

波蘭和捷克斯洛伐克，都順利將境內多座德國人經營的工廠國有化。波蘭以前屬於猶太人的工廠，也因為境內已經沒有猶太人而收為國有。

捷克斯洛伐克共產黨不需倚靠蘇聯即掌握大權，除了鋼鐵等基礎工業以外，交通機關、銀行，連生產日用品的中小企業，也都全部收為國有。一九五七年，捷克斯洛伐克實施第一個五年計畫，為了實現生產目標，政府還詳細規範了各個企業必須達成的品目和產量。

戰敗後由蘇聯占領的匈牙利和羅馬尼亞，經濟活動受到嚴格的限制。雖然兩國的境內都有許多德國經營的工廠，但都由蘇聯接手管理，收益用於復興蘇聯的經濟。

由於同盟國同意「賠款從軸心國和蘇聯占領地區徵收」，

當時的日本

1957（昭和32）年1月29日，日本南極越冬隊首度成功登上南極大陸。兩年前，日本曾表態有意參加南極遠征行動，但當時日本剛戰敗不久，各國紛紛表示反對；最後是在日方的堅持下，才總算得到認可。

因此除了蘇聯管轄的東德以外，匈牙利和羅馬尼亞的資產也全數徵收，所以全東歐就只有這個地區的經濟未能發展。

杜魯門主義和馬歇爾計畫

大部分東歐在戰後都成了社會主義國家，但巴爾幹半島南端的希臘和土耳其屬於自由主義陣營，亦是冷戰的最前線。

一九四七年三月，美國總統杜魯門（Harry S. Truman）為了保護自由主義世界不受蘇聯侵害，宣布要支援希臘和土耳其。這項政策就稱作杜魯門主義，後來也陸續增加支援的國家。

蘇聯譴責美國此舉是「擅自擴張勢力範圍」，但杜魯門依然啟動了資助戰後歐洲經濟復興的馬歇爾計畫。

東歐的波蘭和捷克斯洛伐克政府都期望能夠加入馬歇爾計畫、得到美國的資金援助，但因為蘇聯施壓而放棄。蘇聯在一九四七年九月，將南斯拉夫、捷克斯洛伐克、波蘭、匈牙利、羅馬尼亞、保加利亞，以及義大利和法國共產黨代表集結於波蘭，力圖團結歐洲各個社會主義國家。

會中，蘇聯代表日丹諾夫（Андрей Жданов）痛批馬歇爾計畫是「美國奴役歐洲計畫」。主張採取自主路線的波蘭總書記哥穆爾卡反對蘇聯的提案，但未能獲得認同。

於是，蘇聯設立了共產黨和工人黨情報局，作為各國共產黨之間的聯絡管道，強制各國建設以蘇聯社會主義為範本的國家。

以經濟互助委員會抗衡西歐

如果要實現追求公平的社會主義，就必須要活化經濟，讓人民的生活富足穩定。

但這並不是僅憑一國之力就能簡單達成的事，而且為了對抗美國的馬歇爾計畫，蘇聯成立了發展社會主義國家經濟的跨國組織。

經濟互助委員會成員國（1949年）

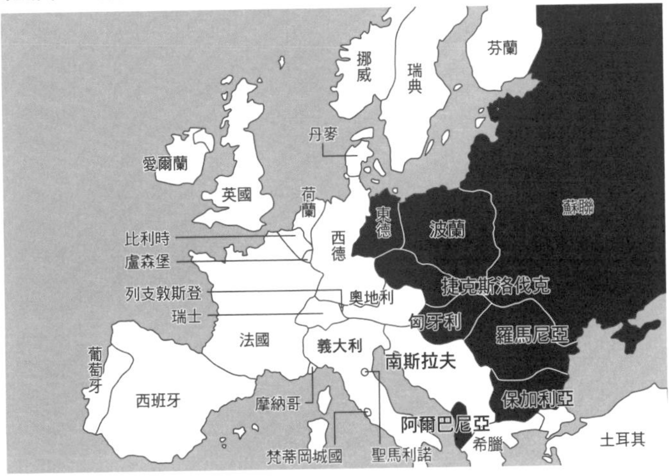

一九四九年一月，在蘇聯的號召下，保加利亞、捷克斯洛伐克、波蘭、匈牙利、羅馬尼亞代表來到莫斯科，共同組成經濟互助委員會（經互會）。一個月後，阿爾巴尼亞也加盟。

經過成員國的協商，決定由蘇聯提供東歐各國能源和原料，由各國製造機器和工業產品後再出口到蘇聯。這個體系使得東歐經濟能力大幅成長。

蘇聯與東歐各國為了讓資源的供給和物流能更加順暢，還統一了電力系統、鋪設石油管線與天然氣管線，並共用貨運列車，就此形成蘇聯與東歐國家的經濟圈。

擴張的共產黨政權

主導共產黨和工人黨情報局的蘇聯，開始對東歐各國的共產黨下指導棋，不允許他們建構自己的社會主義。東歐各國共產黨以蘇聯做為後盾，逐一打壓國內的反對勢力。

一九四七年，保加利亞勢力最大的在野黨農民聯盟右派的幹部，因為預謀顛覆國家的嫌疑被捕，領導者處以死刑。匈牙利的小農黨幹部也大多遭到逮捕，總理納吉．費倫茨（Nagy Ferenc）流亡海外，此後共產黨勢力在匈牙利日漸壯大。

羅馬尼亞的民族民主黨領袖因密謀推翻共產黨體制而被捕，該黨被迫解散，其他政黨也在政府的壓力下瓦解，形成共產黨的專制體制。

在由共產黨壟斷所有政府官位的波蘭，農民黨的支持率原本高於共產黨，但是在一九四七年的大選中，農民黨的活動受阻，因而敗選。

有望成為「東西橋樑」的捷克斯洛伐克，也在一九四八年二月發生政變，由共產黨把持政權。

排除南斯拉夫

協助成立共產黨和工人黨情報局的南斯拉夫，對蘇聯來說是個得力助手。但另一方面，南斯拉夫在戰後與波蘭、捷克斯洛伐克簽訂友好合作互助條約，一九四七年也與戰敗國匈牙利、羅馬尼亞、保加利亞簽訂相同的條約。由於南斯拉夫未經許可即擅自推動外交政策，結果成了蘇聯的眼中釘。

而且，南斯拉夫為了在民族結構複雜的巴爾幹半島上，和各國建立和平共存的關係，曾經與保加利亞一同提出了「巴爾幹聯邦」的構想。蘇聯預見巴爾幹聯邦可能會擴張到多瑙河周邊的國家，因此表示反對。

一九四八年六月，第二屆共產黨和工人黨情報局大會在布加勒斯特召開，採取獨立自主路線的南斯拉夫被除名。這件事讓蘇聯對東歐國家的影響力變得更大。

同年，蘇聯切斷了西歐與西柏林的交通路線，確定了東西陣營的對峙局面。美國與西歐國家組成了北大西洋公約組織（NATO），作為遏制與蘇聯衝突的軍事同盟。

遭到占領的德國，正式分裂成自由主義的西德（德意志聯邦共和國），與共產主義的東德（德意志民主共和國）。

效仿史達林

東歐國家的共產黨獨裁體制，直到一九五〇年才得以穩固。

勢力強大的共產黨，將議會、政府和地方的立法、行政、司法機關全部納入其統治體系下。人民的思想和言論都受到嚴厲箝制，嚴禁批判政府。大學裡的必修課包含馬克思和列寧思想，國高中生則是必修俄語。

共產黨內也是規範至上，凡是思想違反規範者都會以間諜罪逮捕，甚至處決。連前波蘭領導人哥穆爾卡也遭到逮捕。即便是在較晚的時期才成立獨裁體制的捷克斯洛伐克，也有超過一百萬名黨員被驅逐出境。

這儼然就是讓史達林在蘇聯建立獨裁體制時的行徑，直接在東歐重現。捷克斯洛伐克的哥特瓦爾德（Klement Gottwald）、匈牙利的拉科西（Rákosi Mátyás）這些效忠蘇聯的共產黨領導人，都有「小史達林」的稱號。

這群小史達林也效仿蘇聯，強制推行農業、經濟政策，由於他們沒有考慮產業結構便獨斷執行，因此成效不彰。

波蘭的情況尤其嚴重，因為農業改革失敗，結果從農產品出口國淪落成為進口國。

獨裁者之死

一九五三年，蘇聯的獨裁者史達林去世。失去領導人的蘇聯共產黨改行集團治理制，赫魯雪夫（Никита Хрущёв）就任為總書記，馬林科夫（Гео́ргий Маленко́в）就任

NATO與華沙公約組織

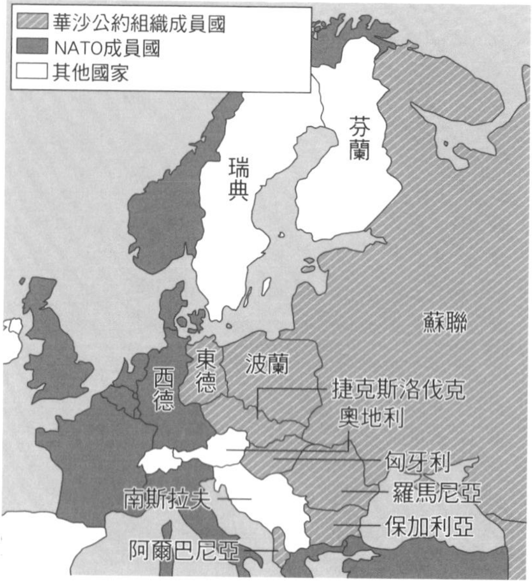

為主席。

東歐各國有小史達林稱號的領導者紛紛垮台。在匈牙利，納吉・伊姆雷（Nagy Imre）成為主席。波蘭是由西倫凱維茲（Józef Cyrankiewicz）、保加利亞由日夫科夫（Тодор Живков）、羅馬尼亞由阿波斯托爾（Gheorghe Apostol）、阿爾巴尼亞由謝胡（Mehmet Ismail Shehu）擔任新的領導人。

不過，蘇聯的赫魯雪夫和馬林科夫發生了權力鬥爭，獲勝的赫魯雪夫再度重啟獨裁統治，其影響力遍及東歐，造成納吉．伊姆雷失勢，令社會主義國家大為震盪。

之後，赫魯雪夫提議再度團結蘇聯和東歐，於是在一九五五年五月，蘇聯、阿爾巴尼亞、保加利亞、捷克斯洛伐克、東德、匈牙利、波蘭、羅馬尼亞這八個國家簽署了華沙公約。

根據這份公約，成員國組成華沙公約組織，作為對抗西側NATO的軍事同盟。這件事再度確定了東歐國家，會以蘇聯為中心延續社會主義的路線。

南斯拉夫終究是同伴

史達林的死，也讓蘇聯和南斯拉夫的關係產生了變化。一九五三年六月，赫魯雪夫向南斯拉夫致歉，要求建立正式的邦交。

被共產黨和工人黨情報局開除的南斯拉夫接受道歉，改善了與其他東歐國家的關係。

一九五四年，南斯拉夫與加入ＮＡＴＯ的希臘和土耳其簽訂友好互助條約，啟動貿易等經濟交流。同年，蘇聯境內的克里米亞半島主權移交給烏克蘭，當時的俄羅斯和烏克蘭都是蘇聯的一部分，所以並沒有任何爭議。

一九五五年，赫魯雪夫拜訪南斯拉夫首都貝爾格勒，與狄托進行會談。兩國的共產黨承認彼此的主權、尊重獨立的立場，確定雙方互為平等的原則。蘇聯與南斯拉夫的妥協，使得南

斯拉夫和希臘與土耳其之間的條約名存實亡。

批判史達林

赫魯雪夫成功改善與南斯拉夫的關係後，在一九五六年二月的共產黨大會上，發表了批判史達林的報告。

這份報告的措詞非常激烈，嚴厲抨擊史達林在擔任總書記的三十年間從不遵守黨規，還肅清忠誠的幹部，而且他未能預料到第二次世界大戰德國攻打蘇聯，利用恐怖攻擊殺害軍人、知識分子和民眾等等。此外，赫魯雪夫也強調史達林異常追求個人崇拜。

蘇聯原本並不打算公開這份報告，是美國情報機構取得講稿之後公諸於世，才引起軒然大波。

國際上對蘇聯共產黨的譴責逐漸擴大，以蘇聯為首的各國共產黨統率組織共產黨和工人黨情報局也因此解散。

蘇聯的統治勢力衰退，為東歐各國帶來了一大轉機。

在戰後堅持實施去史達林化的南斯拉夫總理狄托，在這一年五月訪問蘇聯，確定雙方維持正常邦交。這份批判史達林的報告，證明了狄托的決策正確，使得他的名望和發言權足以和蘇聯領導者並駕齊驅。

波蘭有驚無險

波蘭統一工人黨黨魁、有「小史達林」之稱的貝魯特（Bolesław Bierut），在莫斯科讀了批判史達林的報告之後，突然心臟病發猝死。

後續接任總書記的奧哈布（Edward Mieczysław Ochab）提高了勞工薪資，並赦免了因批判專制政府而入獄的政治犯。首都華沙出現知識分子要求舉行自由選舉的聲浪。

一九五六年六月在波蘭西部大城波茲南，工廠員工為了「麵包和自由」上街示威，遭到裝甲部隊武力鎮壓、出現大量傷亡。抗議民眾進攻監獄和警局，演變成大規模暴動。

鎮壓暴動後，統一工人黨重新評估黨的職責，發表了保障報導與文化自由、恢復法治的民主化綱領。黨內分裂成保守派與改革派，最後是主張強化地方議會、保障報導與文化自由的改革派取得優勢。蘇聯的赫魯雪夫為了阻止波蘭民主化，下令軍隊進軍並親赴華沙。

十月，統一工人黨再度推舉失勢的哥穆爾卡擔任黨魁，與赫魯雪夫之下的蘇聯代表協商。哥穆爾卡原本期望建構獨立自主的社會主義，但考慮到與德國的領土爭議，波蘭仍需要蘇聯的軍事支援，因此在協商中雙方確定關係不變，蘇聯軍撤退，讓波蘭得以免於軍事衝突。

匈牙利革命

相較於化險為夷的波蘭，匈牙利卻發生了悲劇。

史達林死後，改革派人士納吉在一九五三年成為總理，企圖改善人民的生活。他重新評估了偏向重工業的政策，並逐步開放信仰自由。但是到了一九五五年，承襲史達林路線的共產黨總書記拉科西回歸後，納吉便遭到驅逐出境。匈牙利的知識分子群起反抗強化獨裁的拉科西。

翌年，在批判史達林報告發表之後，共產黨的青年組織也挺身批判體制。七月，拉科西遵循蘇聯的命令退出共產黨，繼任的格羅．埃諾（Gerő Ernő）則是完全忽視民意。匈牙利的民怨越發高漲，到十月

下旬演變成為全國性的暴動。蘇聯派軍鎮壓匈牙利的叛亂，政府再度推舉納吉擔任總理與人民協商，蘇聯軍暫時撤退。不過，飽受示威壓力的納吉提出了退出華沙公約組織、保持中立的策略。結果在十一月四日，蘇聯軍正式進攻匈牙利。

匈牙利人民抗戰蘇聯軍兩週後，匈牙利全境淪陷。這一系列的軍事衝突稱作匈牙利革命，造成一萬數千人傷亡，有兩千人遭到處決、二十萬人流亡海外。但西側各國對蘇聯的作為僅止於口頭譴責。

之後，納吉被捕並處死，卡達爾（Kádár János）在蘇聯的指示下就任為匈牙利總理，可見蘇聯的影響力在史達林死後依然不減。

加入蘇聯，還是遠離蘇聯

羅馬尼亞的共產黨領袖格奧爾基．喬治烏－德治（Gheorghe Gheorghiu-Dej）在政策上原本是追隨蘇聯，卻在史達林死後轉換策略，驅逐所有親蘇聯的幹部。

但是，他在匈牙利革命中又支持蘇聯，引起住在外西凡尼亞的匈牙利人反彈，羅馬尼亞政府鎮壓了要求廢除俄語的匈牙利民眾示威活動。蘇聯高度肯定羅馬尼亞的政策，還撤走了從第二次世界大戰一直就駐紮在羅馬尼亞的占領軍。

同樣遭到蘇聯占領的保加利亞，也忠實遵循蘇聯的方針。在一九五〇年代初期，史達林派和赫魯雪夫派曾一度對立，不過最後仍由赫魯雪夫派的日夫科夫掌握實權。日夫科夫在批判史達林所造成的亂象之中，堅定維持與蘇聯的友好政策。因為保加利亞並沒有工業發展必備的石油和鐵礦，必須仰賴蘇聯的援助。

在一九四〇年，羅馬尼亞東方屬於蘇聯的比薩拉比亞，成立了摩爾達維亞蘇維埃社會主義共和國，雖然羅馬尼亞曾一度嘗試收復此地，但最終仍是由蘇聯掌控。不願意效忠蘇聯的人民都被驅逐出境、財產充公。反抗這個局勢的獨派人士只能私下集會，進行祕密活動。

在東歐國家當中，只有南斯拉夫得以擺脫蘇聯的影響。狄托批判蘇聯武力干涉匈牙利，導致蘇聯與南斯拉夫的關係再度惡化。南斯拉夫共產主義者聯盟（舊名為共產黨）發表的綱領「通往社會主義的多元路線」，遭到蘇聯及其他各國共產黨批判。

即使如此，狄托依然致力於建設不同於蘇聯和東歐各國的國家，並提出新的政策，讓工人不需仰賴共產黨的指示，可以自行改善勞動條件、解決問題。

從赫魯雪夫到布里茲涅夫

一九五〇年代後半到一九六〇年代初期，蘇聯與西側國家的關係惡化，越來越多東德居民逃往西德，因此在一九六一年，東德政府建設了切斷東西柏林交通、赫赫有名的「柏林圍牆」。

當時的日本

日本在1964（昭和39）年10月10日到10月24日，舉辦了東京奧林匹克運動會。這是亞洲首度主辦的近代奧運大會，日本奪得了16面金牌。運動會的盛況與日本選手的活躍，讓多數日本民眾都親自體會到了戰後復興有成。

翌年，蘇聯在美國附近的古巴部署飛彈，戰爭一觸即發，所幸事情在美蘇首腦會談後平安落幕（古巴飛彈危機）。到了一九六三年，雙方簽署部分禁止核試驗條約，使東西的緊張情勢趨緩。

另一方面，東歐各國的經濟政策逐漸停擺，部分國家嘗試放棄共產黨執政，或是開放地方組織自訂生產計畫，但是都沒有成效。一九六五年，蘇聯的赫魯雪夫垮台，由布里茲涅夫就任為新的總書記。

這段期間，蘇聯也格外小心應對波蘭、捷克斯洛伐克、匈牙利這三個國家。

一蹶不振的波蘭

一九六〇年代，波蘭總書記哥穆爾卡失去改革的意願，導致政治停擺。波蘭採取以重工業發展為主的策略後，工業生產就必須先於國民生活，導致工人薪資凍漲。農民也沒有足夠的保障，使得百姓生活更加刻苦。

一九七〇年十二月，在波蘭經濟蕭條之際，哥穆爾卡宣布調漲物價，結果引發罷工。雖然暴動在軍方出動坦克後才終於平息，但事已至此，蘇聯終究遺棄了哥穆爾卡。繼任的吉瑞克（Edward Gierek）向外國貸款，一度復甦了波蘭的經濟，人民生活也變得富足。但後來他無力償還債務，很快就走投無路，政府只好調漲食品價格，卻引發工人大規模抗議示威。

此外，反體制的知識分子組成的社會自營委員會，也要求改革而持續抗爭。結果，波蘭還是只能借助蘇聯的力量來打壓這些運動。

消逝的布拉格之春

第二次世界大戰後，東歐各國正在鞏固共產黨專制的過程中，捷克斯洛伐克驅逐、處決了國內的反共勢力。一九五七年就任為總統的諾沃提尼（Antonín Novotný），進行民生物資的配給、擱置多數人反對的農業集體化政策，以轉移農民和工人的不滿。

但是，他卻完全忽略批判史達林報告所掀起的風暴，實施了仿蘇聯的計畫經濟和農業集體化。

一九六〇年代中期，東西對立的情勢稍微趨緩後，捷克斯洛伐克的知識分子也開始出面要求民主政治。

捷克斯洛伐克政府和波蘭一樣採取以重工業為本的政策，不顧人民的生活，因而招致批判；但就算試圖採取新的經濟政策，也會遭到保守派反對而未能成功。此外，捷克人與斯洛伐克人長年的對立變得白熱化，治安也隨之惡化。

一九六七年，作家協會出言批評政府，引起政府出面打壓。此舉也導致共產黨內的保守派和改革派激烈衝突。諾沃提尼委託正在在訪問捷克的蘇聯總書記布里茲涅夫出面協調，但遭到拒絕。

在黨內已無立足之地的諾沃提尼，於一九六八年一月失去了總書記的地位，取而代之的是捷克人杜布切克（Alexander Dubček）。杜布切克提出口號「帶有人性面孔的社會主義」，推動國內改革。

杜布切克廢除了言論審查制度，黨外人士也有言論自由，這些動向最後在民間擴大成名為「布拉格之春」的民主化運動。以蘇聯為首的東歐國家因此產生了危機意識，八月二十日，華沙公約組織進軍布拉格，武裝鎮壓了這場追求自由的運動。

當時的華約軍也包含了波蘭軍人，因為波蘭與德國之間有邊界爭議，必須倚靠蘇聯，無法與之對立。十一月，布里茲涅夫出席波蘭黨大會時發表了「布里茲涅夫主義」，主張「為了社會主義國家的全體利益，單一國家的主權需要受限（有限主權論）」。而波蘭無法對此發表任何反對意見。

口是心非的匈牙利

在一九五六年匈牙利革命以後，接受蘇聯指示擔任匈牙利總書記的卡達爾，開始慢慢修改施政方針。雖然他表態絕對效忠蘇聯，卻允許地方選區可以有多位候選人，私下逐步推動民主政策。

他為了重建國內破敗不堪的經濟，以投注資金等各種方式支援機械鋼鐵和其他以重工業為中心的產業，農業方面也採取集體化政策。

一九六八年開始，匈牙利放棄由政府主導經濟的體制，採取開放自由經商的經濟自由主義。

一九七〇年代，石油生產國聚集的中東地區發生戰爭和政變，引發了兩次石油危機（全球原油價格暴漲）。

匈牙利的貿易因此呈現赤字，但勉強維持了經濟自由主義，得以保有東歐第一的經濟實力。

始終如一的狄托

在一九六〇年代以後，南斯拉夫的狄托仍堅持獨立自主路線，但國內問題開始逐一浮現，貧富差距擴大、民族之間嚴重對立。

雖然南斯拉夫在東歐孤立，但受到印度不追隨美國與蘇聯、主張和平共存的外交政策影響，狄托繼續貫徹在國際上中立的外交策略。一九六一年，首都貝爾格勒舉行第一屆不結盟運動首腦會議，這場會議的規模也逐漸擴大。到了一九七五年，包含蘇聯在內的整個歐洲、美國、加拿大召開歐洲安全與合作會議，只有南斯拉夫鄰國的阿爾巴尼亞沒有與會。

在國際舞台上受到萬眾矚目的狄托，允許國內自由從事經濟活動，結果造成個人、企

南斯拉夫的民族分布

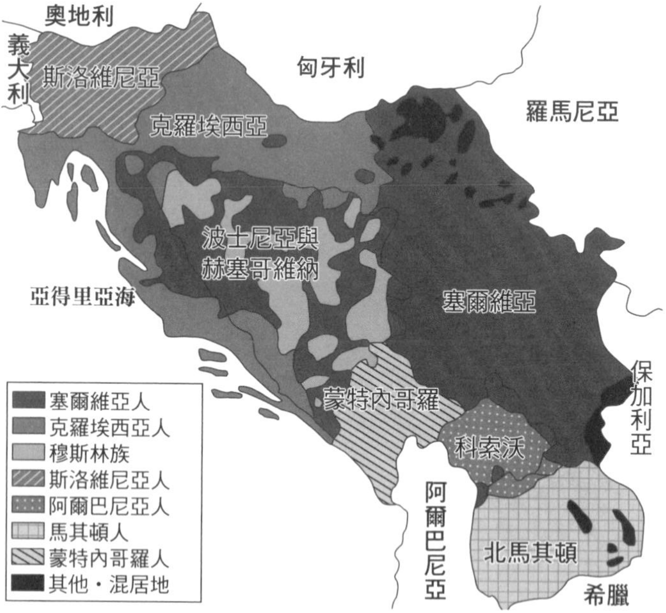

業和地區的發展落差逐漸擴大。一九六九年，國內最富裕的克羅埃西亞和斯洛維尼亞開始與中央政府對立。

同一時期，在發展落後的科索沃，阿爾巴尼亞人發起示威活動，控訴對塞爾維亞人的不滿。

一九七一年，南斯拉夫修憲承認各個共和國的自治權，但民族之間的對立每況愈下，對聯邦政府的民怨越發高漲。

同年，克羅埃西亞要求脫離南斯拉夫獨立，因為政府過度偏袒作為聯邦中心的塞爾維亞，使其他共和國在稅金分配上屈居劣勢。

當時，狄托直接處分了克羅埃西亞和其他共和國的領導者，才度過這場危機。

狄托在三年後制訂的一九七四年憲法當中，承認組成南斯拉夫的六個共和國與塞爾維亞境內的科索沃、佛伊弗迪納這兩個自治省，都各自擁有採納憲法、審判、警察、決定經濟政策等權利。他認為只要開放各個共和國的權利，就能夠降低民怨。

阿爾巴尼亞自成一格

阿爾巴尼亞和南斯拉夫對立的理由有點複雜。

第二次世界大戰後期，阿爾巴尼亞在義大利投降後遭到德國占領，最後是由蘇聯軍解放。從此以後，阿爾巴尼亞為了國防和經濟，都忠於史達林式的中央集權獨裁體制。然而，蘇聯在批判史達林報告發表後轉換了策略，使得阿爾巴尼亞開始仇視蘇聯。就在此時，同屬社會主義國家的蘇聯與中國關係惡化，因此阿爾巴尼亞與中國建立邦交。中國批判南斯拉夫的作為，於是阿爾巴尼亞才會與南斯拉夫對立。

不過到了一九七二年，中國為了對抗蘇聯而與美國交好，阿爾巴尼亞便與中國斷交。阿爾巴尼亞勉強維持了與希臘和南斯拉夫的邦交，也透過貿易與西歐國家往來。

和南斯拉夫一樣採取獨立自主路線的阿爾巴尼亞仍是社會主義國家，雖然會限制人民的自由，但政府鮮少內鬥，所以國內相對穩定。

冷戰終將結束

在歷史上與德國有密切關係的波蘭、捷克斯洛伐克、匈牙利，都在關注西側陣營的動向。一九六〇年代後半以前，這三個國家只是一味地遵循蘇聯的外交方針，但情勢到了一九六九年卻大幅改變。

一九六九年同年，勃蘭特（Willy Brandt）就任為西德總理。過去屬於西側陣營的西德，從不與東德的邦交國蘇聯和東歐國家進行外交協商。

但是，勃蘭特卻改變策略，在一九七〇年八月與蘇聯簽署條約，雙方承諾互不動武。同年年末，西德與波蘭確定了邊界，雙方正常建交。雖然東德早已認定德國與波蘭的邊界位於奧德河和尼薩河（奧得河——尼斯河線），但是經過西德認可後，這裡才成為國際上確定的邊界。

一九七二年，東西德簽訂基礎條約，承認兩國皆為主權國家；翌年，雙方皆加入聯合國。西德後來與捷克斯洛伐克、匈牙利、保加利亞建交，因此全世界都認為冷戰的緊張情勢正在趨緩。

一九七〇年代的東歐

最後來簡單介紹一下一九七〇年代的東歐情勢。

捷克斯洛伐克發起的「布拉格之春」遭到蘇聯鎮壓後，政治上依然延續寒冬時期。歐洲安全與合作會議雖然承認捷克斯洛伐克發表的恢復人權宣言，但共產黨仍繼續控制言論。

另一方面，捷克人與斯洛伐克人因政治體制的歧異而持續對立，最終在一九六九年一月，分別成立了捷克社會主義共和國與斯洛伐克社會主義共和國，兩者再也不是同一個國家，而是不同國家組成的聯邦。

坐擁石油等豐富資源的羅馬尼亞，從服從蘇聯的路線開始慢慢轉換策略，透過貿易加深與西歐的關係，從一九六〇年代後半到一九七〇年代達成了經濟成長。

一九六五年，繼德治之後上任的總書記西奧塞古（Nicolae Ceaușescu）制定了新憲法，將羅馬尼亞從人民共和國改名為社會主義共和國。但是，西奧塞古優待羅馬尼亞人，卻加強管束匈牙利人等國內的少數民族。

羅馬尼亞加強與西歐的邦交，批判蘇聯對「布拉之春」採取的軍事行動，但立場上還是社會主義國家，作風在東歐國家當中獨樹一幟。

相較之下，鄰國的保加利亞則是追隨蘇聯，派兵協助鎮壓布拉格之春。總書記日夫科夫陸續排除了後繼者人選、企圖長期壟斷政權，還實施了歧視土耳其裔居民的政策，引來國際社會的譴責。

在東歐之外，一九七八年，波蘭人若望保祿二世（Sanctus Ioannes Paulus PP. II，本名為嘉祿・若瑟・沃伊蒂瓦）當選為羅馬教宗。雖然共產主義國家禁止宗教活動，但波蘭人私下仍虔誠信仰天主教，這件事對於抵抗共產黨統治的人民而言，無疑是莫大的心靈支柱。

祕密專欄

東歐各國的貨幣

昔日宗主國的特色依然深刻留存

在二〇二二年現在，屬於歐盟（EU）成員國的斯洛伐克、斯洛維尼亞、愛沙尼亞、拉脫維亞、立陶宛這五個國家的貨幣都是採用歐元。蒙特內哥羅和科索沃並未加入歐盟，但歐元也能在境內流通。

曾位於巴爾幹半島的南斯拉夫，貨幣使用的是第納爾。目前第納爾依然在塞爾維亞和北馬其頓流通。現在塞爾維亞的一百第納爾紙鈔上，印有發明家尼古拉・特斯拉的肖像。

波士尼亞與赫塞哥維納的貨幣稱作可兌換馬克，這個名稱的由來是在導入歐元以前，可以直接與德國馬克互兌（匯率為一比一）。

捷克使用的貨幣稱作克朗，上面印有神聖羅馬皇帝查理四世（Karel IV.）的肖像，名稱源自於一直存續到二十世紀初的奧匈帝國貨幣克朗。

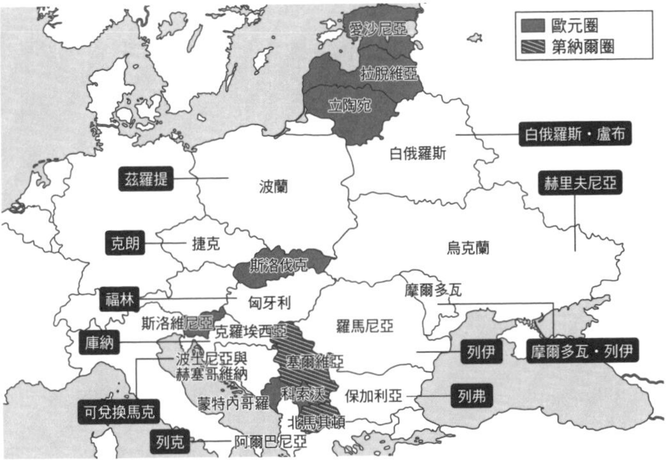

至於其他東歐國家，波蘭使用的是茲羅提，匈牙利使用的是福林，皆有自己獨立的貨幣。

在俄羅斯流通的盧布，也能用於白俄羅斯，兩者的差別只有匯率。

蘇聯解體以前，烏克蘭也是使用盧布。

不過現在烏克蘭使用的是以前基輔大公國的貨幣赫里夫尼亞。

和白俄羅斯、烏克蘭一樣脫離蘇聯獨立的摩爾多瓦，貨幣和羅馬尼亞一樣是使用列伊，但匯率和羅馬尼亞不同。

足球界的頂尖智將

伊維察・奧西姆

Ivica Osim

1941～2022年

曾擔任南斯拉夫、日本代表隊的總教練

在2006年到2007年擔任日本國家足球隊總教練的奧西姆，出生於現在波士尼亞與赫塞哥維納的首都塞拉耶佛。他在1950年代成為足球選手，在南斯拉夫社會主義聯邦共和國嶄露頭角，青年時期就參與國際賽事，在法國的職業足球隊裡也大顯身手。奧西姆在1986年成為南斯拉夫國家隊的總教練，領導這支由多種民族組成的球隊。

1991年南斯拉夫解體後，奧西姆因為內戰而與家人失散，儘管祖國衰亡令他痛心疾首，但他仍出任希臘和奧地利球隊的教練，帶領球隊稱霸聯賽，並且贏得數面獎牌。

奧西姆在2003年到日本擔任千葉市原隊的教練，傲人的成績讓他得以出任日本國家代表隊的總教練。他長年的經驗和根據國際觀而奠定的獨特組織理論，不僅限於足球界，也是全日本關注的焦點。

chapter 8

東歐的現況

「團結」的成功與失敗

一九七〇年代的石油危機，也造成東歐許多國家經濟不景氣。尤其是波蘭，不僅工人薪資調降，失業人口也增加。到了一九八〇年，波蘭終於連積欠外國的債務也無力償還，政府為了增加收入，宣布要大幅調漲肉品的價格。

從首都華沙開始，各地工人罷工抗議。在鄰近波羅的海的城市格但斯克，各個工廠的工人集結組成了罷工委員會，向政府表達嚴正抗議。

這個工人罷工委員會後來發展成全國性的組織，形成工會聯盟「團結工聯」，由格但斯克的罷工委員會會長華勒沙（Lech Wałęsa）領導。

「團結」不同於一般的工會，不只是會直接與政府協調改善勞動條件，還要求言論自由。連知識分子與天主教會也表態加入，使得「團結」在組成短短一年內，會員就突破了一千萬人，相當於波蘭總人口的三分之一。

翌年，「團結」向政府要求開放地方議會自由選舉後，蘇聯才開始警覺波蘭共產黨的獨裁體制是否已經崩解。波蘭政府為了避免蘇聯派軍干涉內政而導致自己失去自主權，便頒布了戒嚴令、禁止「團結」活動。波蘭軍逮捕了華勒沙，讓這場運動逐漸式微。波蘭經濟依舊不景氣。

匈牙利的經濟混亂

一九六八年，匈牙利政府廢除嚴格的限制，採取開放企業自由活動的「新經濟機制」。各個企業可以自主訂立產量和價格以

後，景氣便穩定下來，經濟得以持續發展，工人也可以任意對政治表態。匈牙利撐過了石油危機，成為東歐最富裕繁榮的國家。

然而，因為新經濟機制接受蘇聯等外國資金，導致國家債臺高築。剛好就在此時，蘇聯的經濟惡化、停止金援，導致匈牙利在貿易上與亞洲國家的競爭變得激烈。

蘇聯在阿富汗挫敗

在東歐國家之間位居領導地位的蘇聯，卻在一九七一年進攻阿富汗時嚐到失敗，國際聲望因此跌落谷底。前一年，阿富汗成立了親蘇聯的社會主義政府，這反而使得政府游擊隊發起了激烈的抗爭。雖然蘇聯派軍前去支援，但卻沒能斬獲任何戰果，也導致抗爭長期化。戰場上大量的士兵戰死，軍事費用也因此升高，蘇聯與美國、西歐國家的關係再度惡化。

而且，當時的蘇聯正在實施由國家決定所有產品的產量與銷售量的計畫經濟，這項政策無法因應事故等意外狀況，加上地方官員與生產者私下勾結，使工業生產徹底停擺。

一九八二年，布里茲涅夫猝逝，由安德洛波夫（Ю́рий Андро́пов）接任總書記。但蘇聯與阿富汗的紛爭陷入僵局，政治與經濟的混亂越來越嚴重。

落後的南斯拉夫

一九八〇年，南斯拉夫的精神領袖狄托去世，失去了可以與蘇聯交鋒、擁有頂尖領導能力與號召力的絕對掌權者，導致政局變得動盪不定。

原本由狄托壓制的民族對立與不滿在各地爆發。在一九七〇年代有過紛爭的塞爾維亞人和克羅埃西亞人，以及渴望脫離塞爾維亞獨立的阿爾巴尼亞人都出面抗議。而斯洛維尼亞和克羅埃西亞的天主教徒、塞爾維亞的塞爾維亞正教徒、波士尼亞的穆斯林，這些人各自的主張互相衝突，使狀況越來越嚴重。

在各方勢力對立的混亂之中，中央政府為了維持治安，在各方面都加強了對人民的管束。因此，由於受到限制，南斯拉夫漸漸無法跟上波蘭等國推動的民主化腳步。

冷戰結束

蘇聯越來越貧窮，一九八四年安德洛波夫去世，繼任的契爾年科（Константин Черненко）也在翌年去世，後來是由戈巴契夫（Михаил Горбачёв）接任蘇聯共產黨總書記。戈巴契夫推動「經濟改革」政策，從根本重建蘇聯的政治與經濟。

在此期間，一九八六年四月，烏克蘭的車諾比核電廠發生爆炸意外，釋出大量的放射性物質。周邊有十萬以上的居民無家可歸，整個北半球都可以測量到擴散的放射性物質。儘

當時的日本

1983（昭和58）年，日本任天堂推出家用遊戲機「家庭電腦」（俗稱紅白機）。這台家庭電腦讓民眾在家也能輕鬆玩到遊樂中心的遊戲，在全世界掀起了爆炸性的熱潮，最後全球累計銷量為6191萬台。

管是如此嚴重的事故，蘇聯卻沒有在第一時間公布消息。

到了八月，蘇聯終於公布了事故報告，但戈巴契夫深知公開的資訊並不全面，解決核災這個問題也是經濟改革的重要課題。因此他當時實施了資訊公開透明的政策，稱作開放政策。

戈巴契夫在國際關係方面，採取新思維外交。為了改善龐大軍事支出對蘇聯財政的壓迫，他放棄了憑藉軍事力量的「武力外交」，改以迴避戰爭的談判為主。

戈巴契夫積極與西側各國首腦交流，並裁減飛彈和坦克等軍事裝備。此外，他還在一九八九年從阿富汗撤軍，同年十二月與美國總統老布希（George H. W. Bush）在地中海馬爾他島舉行會談，宣布冷戰結束。

蘇聯終於解體！

雖然美蘇宣布冷戰結束，但東歐國家還無法立刻轉換路線、改與西歐國家協調合作。

蘇聯國內也無法輕易改善過時的產業結構和不景氣，也有一些共產黨幹部因為失去特權而痛恨改革。一九九〇年，戈巴契夫設立總統制以強化自身的權限。而以蘇聯為中心的經濟互助委員會和華沙公約組織已失去功能，只能解散。

一九九一年八月，共產黨內反對戈巴契夫的勢力發起政變，但以失敗收場。共產黨最終放棄執政，同年，烏克蘭和波羅的海三國等十五個共和國全部獨立，蘇聯解體。

開放國境

在蘇聯解體前後，東歐的政治體制和社會產生劇變，這個發展就稱作「東歐民主化」。經濟走向自由的匈牙利在經濟改革的推波助瀾下，難以繼續維持共產黨獨裁體制。

一九八七年，匈牙利宣布對富裕階層實施增稅政策，引發國民反彈、民怨四起。翌年五月，匈牙利的最高領導人卡達爾卸任。

同年八月，匈牙利政府拆除了在奥匈邊界的鐵刺網，兩國得以自由通行。

獨立的15個共和國

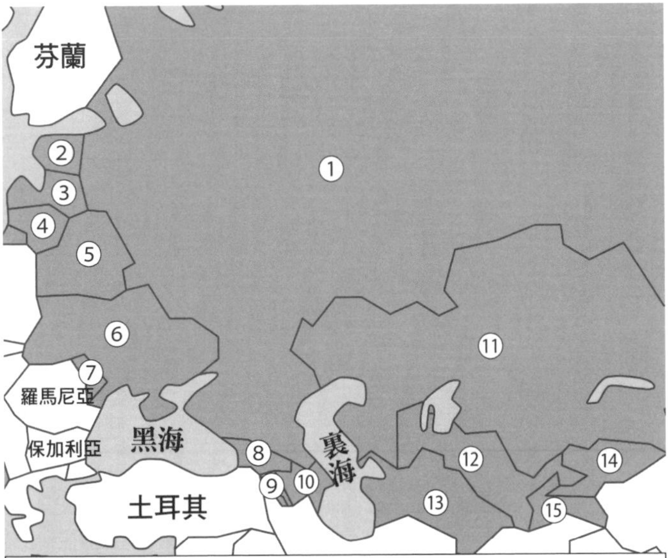

① 俄羅斯蘇維埃聯邦社會主義共和國	→	俄羅斯聯邦
② 愛沙尼亞蘇維埃社會主義共和國	→	愛沙尼亞共和國
③ 拉脫維亞蘇維埃社會主義共和國	→	拉脫維亞共和國
④ 立陶宛蘇維埃社會主義共和國	→	立陶宛共和國
⑤ 白俄羅斯蘇維埃社會主義共和國	→	白俄羅斯共和國
⑥ 烏克蘭蘇維埃社會主義共和國	→	烏克蘭
⑦ 摩爾多瓦蘇維埃社會主義共和國	→	摩爾多瓦共和國
⑧ 喬治亞蘇維埃社會主義共和國	→	喬治亞
⑨ 亞美尼亞蘇維埃社會主義共和國	→	亞美尼亞共和國
⑩ 亞塞拜然蘇維埃社會主義共和國	→	亞塞拜然共和國
⑪ 哈薩克蘇維埃社會主義共和國	→	哈薩克共和國
⑫ 烏茲別克蘇維埃社會主義共和國	→	烏茲別克共和國
⑬ 土庫曼蘇維埃社會主義共和國	→	土庫曼
⑭ 吉爾吉斯蘇維埃社會主義共和國	→	吉爾吉斯共和國
⑮ 塔吉克蘇維埃社會主義共和國	→	塔吉克共和國

過去無法進入西德的東德人民，從此可以經由捷克斯洛伐克、匈牙利、奧地利，輾轉入境西德。在蘇聯占領下生活窮苦的東德人民，便陸續借道湧入西德。

華勒沙再起

在波蘭禁止活動的「團結」於一九八九年復出，在同年六月的選舉中大獲全勝，統一工人黨的獨裁徹底瓦解。八月，波蘭成立以「團結」為中心的聯合內閣。這是社會主義國家首度開放共產黨（及類似政黨）以外的政黨參與執政。翌年一月，統一工人黨解散。

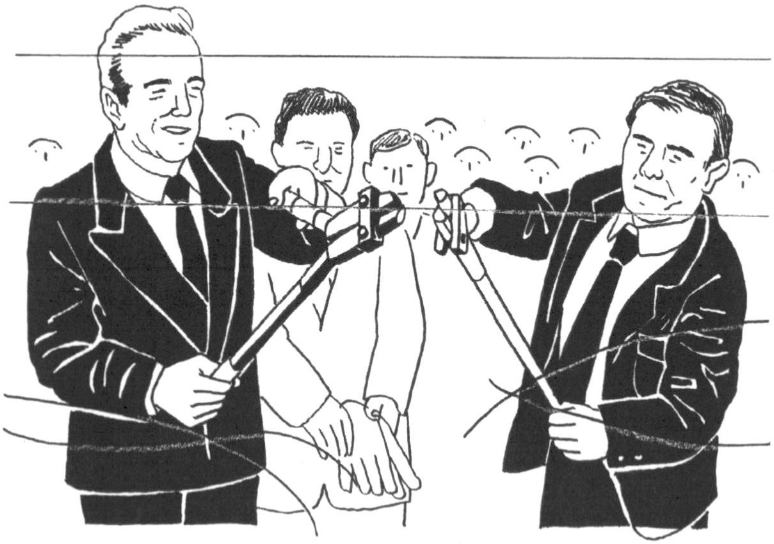

不過，統一工人黨的舊勢力尚未消失，「團結」內部也為了如何處置舊統一工人黨的議員而意見分歧，導致政權動盪不定。到了一九九一年，「團結」的創始人華勒沙就任為波蘭總統。

農民因為政府突然從社會主義轉向資本主義而困惑，工人擔心失業，富裕階層希望能採取西歐式的進步資本主義經濟，人民未能達成共識，政府也無法推出有效的政策。結果，華勒沙的支持度下墜，在競選連任時落敗。

逐一消失的獨裁者

羅馬尼亞的鄰國保加利亞，在一九八〇年代後半也陷入嚴重的經濟困境，不過政府的改革卻是從令人意想不到的地方下手，契機就在於北部城市魯塞的空氣污染問題。

位於多瑙河下游的魯塞，對岸就是羅馬尼亞的工業大城久爾久。久爾久的工場排出的廢氣，導致魯塞的空氣污染越來越嚴重。因此，魯塞市內罹患呼吸系統疾病的人變多，人民紛紛遷離都市，造成都市人口減少。

一九八八年，戈巴契夫推出經濟改革政策，讓保加利亞政府確定空氣污染的主因就在羅馬尼亞多爾多的工廠煤煙。

憤怒的保加利亞國民組成了環保團體，開始批評政府，贏得更多民眾支持後，逐漸發展成反政府運動。

此外，保加利亞還有長久以來的民族問題。居住在國內的土耳其人願意接受更低的薪資，結果搶走了保加利亞人的工作。這個現象也引發了人民對政府的不滿。

一九八九年十一月，保加利亞共產黨部

分人士聯絡蘇聯的戈巴契夫，逼迫總書記日夫科夫下台。於是，統治保加利亞長達三十五年的日夫科夫終於退出政壇。

隔月，羅馬尼亞境內的匈牙利居民，對獨裁者西奧塞古發起抗議示威。示威群眾在軍隊的加持下發展成為革命軍，花了十多天就攻占了首都布加勒斯特。雖然西奧塞古試圖逃亡，但仍不幸被捕，數天後即處決。

捷克與斯洛伐克完全分離

距離華約軍進攻布拉格第二十年的一九八八年，捷克人民為了抗議共產黨長年專制，開始不惜與警方衝突。

翌年，趁著匈牙利政府開放與奧地利的邊境、在東德成立聯合政府的機會，捷克和斯洛伐克的學生與知識分子紛紛出面抗爭。在十二月的大選中，共產黨獨裁體制瓦解，反體制派作家哈維爾（Václav Havel）就任總統。由於這場運動沒有爆發武力流血衝突，順利達成和平革命，因而稱作「天鵝絨革命」。

一九九三年，捷克與斯洛伐克放棄聯邦制，分離成為獨立的國家。這場分裂也沒有發生嚴重的民族衝突，此後兩國也一直維持友好的邦交。

與蘇聯對立的阿爾巴尼亞也受到東歐民主化的影響，人民開始反對共產黨獨裁。一九九〇年，阿爾巴尼亞共產黨推動了阿爾巴尼亞版的經濟改革政策，宣布開放農產品自由買賣與信仰自由，翌年也承認共產黨以外的政黨活動。

在一九九二年的選舉中，民主黨成為第一大黨，在新總統的貝里沙（Sali Ram Berisha）的治理下，阿爾巴尼亞得以穩定發展。

兩百萬人的「波羅的海之鏈」

波羅的海三國在俄羅斯戈巴契夫執政後，開始對蘇聯規劃的政策發起反對運動。拉脫維亞反對在道加瓦河建設水力發電廠，愛沙尼亞反對開採硫礦，這兩者都會造成環境污染，最後蘇聯政府撤回了這兩項計畫。

反對運動擴散到了波羅的海三國全境，人民對蘇聯政府的批判越來越嚴重，追求民主的動向日益壯大。

一九八七年，史達林時代的政府非法行為曝光。一九八八年，各國組成的人民戰線起初還支持蘇聯的改革政策，但是在波羅的海三國開始主張獨立後，便與蘇聯分道揚鑣。一九八九年，將波羅的海三國併入蘇聯的德蘇互不侵犯條約，當中的祕密議定書引起了爭議。波羅的海三國追求獨立的聲浪更加高漲，因此蘇聯派出軍隊施壓。

同年八月二十三日，愛沙尼亞塔林、拉脫維亞里加、立陶宛維爾紐斯這三個城市串連起來，進行了由兩百萬人牽起長達六五〇公里、跨越國境的「人鏈」示威活動，迫使蘇聯承認合併波羅的海三國的行為屬於非法占領。

不過，戈巴契夫本身並不希望蘇聯解體，於是轉向譴責無法控制這場運動的波羅的海三國共產黨。然而，他的譴責反而使得追求獨立的三國人民戰線更加團結。

波羅的海三國終於獨立

立陶宛境內的俄羅斯人口比愛沙尼亞、拉脫維亞要少，因此成為三國獨立運動的先鋒。一九八九年五月，立陶宛宣布自己是主權國家、立陶宛法律高於蘇聯法律；年末，立陶宛共和國最高代表大會決議，立陶宛共產黨脫離蘇聯共產黨獨立。一九九〇年三月十一日，最高代表大會宣布立陶宛恢復獨立。

蘇聯不僅對立陶宛的動向採取武力恫嚇，還試圖用切斷資源供輸等方法施壓。立陶宛國內的獨立保守派和激進派也發生了對立，而依賴蘇聯提供資源的西歐國家也不再支持立陶宛獨立。

另一方面，愛沙尼亞和拉脫維亞境內有一半的居民都是俄羅斯裔，於是組成了排除俄裔居民的組織和人民委員會，另外也組成人民議會，以對抗蘇聯為了合法占領而設立的蘇維埃共和國最高代表大會。兩國都透過議會選舉，採取禁止合併後才移居過來的俄裔人民擁有選舉權。

一九九〇年，在蘇聯國內改革未有斬獲的戈巴契夫開始接觸共產黨內的保守派，對波羅的海三國採取強硬策略，派兵進軍拉脫維亞和愛沙尼亞，造成反抗民眾傷亡的悲劇。

戈巴契夫的策略引來世界各國譴責，情勢的發展壯大了蘇聯國內葉爾欽（**Борис Ельцин**）等激進改革派的勢力。戈巴契夫雖然因為保守派發動的政變而失勢，不過在葉爾欽等人的反抗下，政變以失敗告終。

這一系列的動向促成了波羅的海三國解放，一九九一年八月二十四日，葉爾欽成為俄羅斯共和國總統後，承認波羅的海三國獨立。

從蘇聯走向獨立國家國協

那蘇聯解體後的情況又是如何呢？

一九九一年十二月，俄羅斯共和國總統葉爾欽宣布成立獨立國家國協（ＣＩＳ）。獨立國家國協的成員國除了波羅的海三國以外，最後有十二個舊蘇聯成員國加入。

這個鬆散的聯盟，也可以視為蘇聯復出。

在俄羅斯、烏克蘭、白俄羅斯等舊蘇聯範圍內的國家，很多人都已經習慣了只要滿足勞動生產定額就能穩定生活的體制，無法跟上自由經濟活動的腳步。而新興企業家（商業寡頭）累積了龐大的財產，導致國內貧富差距擴大，結果治安敗壞，甚至有人懷念蘇聯時代的生活。

原本是蘇聯成員國的摩爾達維亞，在蘇聯解體後的一九九一年八月宣布獨立，國名改為摩爾多瓦共和國，國旗採用與同一民族的羅馬尼亞相似的三色旗，表現出脫離俄羅斯的立場。

當時的日本

1991（平成3）年1月17日，以美國為首的多國聯軍與伊拉克爆發了波斯灣戰爭。當時日本已經為聯軍提供金援，後來又決定加碼資助90億美元。但由於日本沒有出兵協助作戰，因此這些援助行動並沒有得到國際上的肯定。

但是，摩爾多瓦的經濟實力在東歐國家當中格外低落。在蘇聯時代居住於聶斯特河東岸的俄羅斯人，則是以聶斯特河沿岸摩爾達維亞共和國為名，主張自己是脫離摩爾多瓦的獨立國家。雖然聶斯特河沿岸摩爾達維亞共和國並未獲得聯合國承認，但是在俄羅斯的支援下始終以獨立國家的型態存續至今。

逐漸解體的南斯拉夫

貫徹獨立自主路線的南斯拉夫，在至尊掌權者狄托去世後，依然維持社會主義聯邦共和國的體制。但是在東歐民主化的影響下，各個共和國的共產黨勢力衰敗，主張分離、獨立的勢力日漸強盛。

尤其是在一九九〇年，就任塞爾維亞總統的米洛塞維奇（Слободан Милошевић）縮限了共和國南部科索沃自治省的自治權限。科索沃的人口有八成是阿爾巴尼亞裔的穆斯林，該地區脫離塞爾維亞獨立的意識也因此高漲。

一九九〇年，六個共和國（克羅埃西亞、斯洛維尼亞、塞爾維亞、波士尼亞與赫塞哥維納、蒙特內哥羅、馬其頓）舉行選舉，除了塞爾維亞和蒙特內哥羅，其他國家都是主張獨立的政黨勝選。一九九一年六月，與西歐關係較緊密且物產豐饒的斯洛維尼亞，率先脫離南斯拉夫聯邦。接著克羅埃西亞也宣布獨立。

但是，克羅埃西亞境內有許多塞爾維亞居民，他們都強烈反對獨立。以塞爾維亞人為中心的聯邦政府，派軍進攻克羅埃西亞鎮壓獨立運動，引發內戰。

在一九九〇年剛統一的德國，總理柯爾（Helmut Kohl）見狀後，率先宣布承認克羅埃西亞獨立，西歐各國也陸續跟進，於是克羅埃西亞在一九九一年十二月正式獨立。

在克羅埃西亞的獨立內戰期間，位於南斯拉夫最南端的馬其頓成功獨立。不過，古代的馬其頓是源自希臘的國家，因此希臘不斷要求馬其頓更改國名，最終才於二〇一九年定名為北馬其頓。

波士尼亞內戰

南斯拉夫解體的混亂局面尚未結束。一九九二年四月，塞爾維亞和蒙特內哥羅合併成為一個共和國，由塞爾維亞人米洛塞維奇就任為總統。米洛塞維奇派軍鎮壓波士尼亞與赫塞哥維納的獨立運動，結果演變成大規模內戰。

當時的波士尼亞與赫塞哥維納境內，有信仰希臘正教的塞爾維亞人、信仰天主教的克羅埃西亞人，以及穆斯林（波士尼亞克人），各個民族互爭領地。

塞爾維亞人的民營團體用「民族淨化」的名義，對克羅埃西亞人和穆斯林婦女施暴、處決。西歐國家無法坐視不管，便派出北約軍空襲塞爾維亞。這場波士尼亞內戰之後仍延續了三年多。

直到一九九五年十二月，美國總統柯林頓（Bill Clinton）出面調停，塞爾維亞人、克羅埃西亞人、穆斯林才達成和解（岱頓協定）。

最後，波士尼亞與赫塞哥維，成為由克羅埃西亞人和穆斯林族組成的「波士尼亞與赫塞哥維納聯邦」，與塞爾維亞人組成的「塞族共和國」這兩個國家構成的獨立聯邦國家。

牽連歐美的科索沃戰爭

解體後的南斯拉夫，還有科索沃的獨立問題。

在一九九二年的科索沃大選中，反塞爾維亞派勝選。但米洛塞維奇卻不承認選舉結果，派出塞爾維亞的祕密警察暗殺了獨立運動領袖，並驅逐了以武力謀求獨立的阿爾巴尼亞游擊兵。

原本只有鄰國阿爾巴尼亞支持科索沃獨立，但是在波士尼亞內戰告一段落後，以西歐為首的國際社會總算把焦點放到了科索沃。

一九九七年，米洛塞維奇下令大學廢除阿爾巴尼亞語的課程後，主要由阿爾巴尼亞人組成的科索沃解放軍，便背負了人民對獨立的期望。

翌年二月，塞爾維亞保安隊進攻科索沃自治省的首都普里斯提納，最終發展成內戰。之後，由北約領軍的國際部隊前去支援科索沃。十月，雙方同意停戰，塞爾維亞承認科索沃的自治權，但拒絕北約軍駐紮科索沃，於是雙方重燃戰火。

北約軍空襲了塞爾維亞，塞爾維亞軍鎮壓科索沃境內的阿爾巴尼亞人，使得許多阿爾巴尼亞難民被逐出國境。

空襲持續了七十八天，狀況卻沒有任何改變，導致國際間開始出現「北約軍未取得聯合國安理會同意就發動空襲」、「北約轟炸防衛範圍以外的地區」等輿論。

另一方面，塞爾維亞國內也出現了民怨，米洛塞維奇無可奈何，在六月三日的G8（八大工業國首腦峰會）中接受了和平協議。

不過，科索沃的塞爾維亞人與阿爾巴尼亞人的衝突反而更加激烈，北約國際部隊只能進入科索沃維護治安，聯合國派出維和部隊監管科索沃議會和總統府、推動政府治理國家。紛爭就在沒有結論的狀況下延續之今。

轉型資本主義的困境

在波士尼亞和科索沃戰亂延燒的一九九〇年代後半，其他東歐國家逐漸拓展與西歐等國際社會的連結。

波蘭結束了共產黨專制，試圖採取多黨制的民主主義，和經濟資本主義。結果社會競爭變得激烈，貧富差距和失業等社會問題層出不窮，政黨之間的爭鬥也相當嚴重。

匈牙利早在社會主義時代就已經積極導入外資，所以在革命後能夠順利推動民營化。

政府採取慢慢擴大民營化的策略，雖然還是會出現貧富差距和失業問題，但混亂都能控制得宜。

羅馬尼亞也採取了資本主義路線。原本的政府並沒有快速推行資本主義化，國內不僅缺乏資源，農地的使用效率又差，導致經濟成長並不顯著。後來羅馬尼亞也和其他國家一樣改行資本主義政策，透過議會的不信任動議迫使內閣重組，才得以脫離獨裁政治、提升議會機能。

阿爾巴尼亞的民主黨政權則是擴大了總統的權限，再度傾向獨裁政治。人民對政府的批判日益高漲，各地也開始出現武裝分子強盜搶劫的情況。

二十一世紀的前南斯拉夫內戰

米洛塞維奇處理科索沃戰爭的手法引來國際社會撻伐後，在二〇〇〇年九月的總統大選中落敗，這可以說是遭受空襲而生活困苦的人民用選票表達了他們的不滿。米洛塞維奇在前南斯拉夫問題國際刑事法庭上，被以反人道等罪行起訴，最後在審理期間死於拘留所。

在米洛塞維奇去世的二〇〇六年，塞爾維亞和蒙特內哥羅解除聯邦關係，各自建國。兩年後，科索沃終於宣布獨立，但塞爾維亞並不承認，協商也沒有任何結果，所以處於尚未完全得到國際社會認可的局面。

科索沃戰爭也影響了馬其頓。阿爾巴尼亞難民湧入馬其頓，使境內原有的阿爾巴尼亞居民開始強烈要求從以前就期望的自治權。

二〇〇一年，馬其頓政府否決了阿爾巴尼亞人的自治權，導致阿爾巴尼亞解放組織與馬其頓軍爆發內戰。八月北約軍介入後，內戰結束，政府才終於承諾擴大阿爾巴尼亞居民的權利。

普丁時代開始

隨著二十一世紀的到來，普丁（Владимир Путин）成為俄羅斯總統。蘇聯解體讓俄羅斯失去了對東歐國家的影響力，普丁為了解決經濟落後的狀況，便建構出由自己獨攬大權的集權體制。

普丁宣稱自己非常尊敬俄羅斯帝國的彼得大帝。彼得大帝進攻周邊各國、擴張了帝國領土，而普丁絲毫不掩飾自己也有這分野心。

相較之下，東歐各國則是逐漸遠離俄羅斯。

烏克蘭在二〇〇四年的總統大選中，是由親俄派的亞努科維奇（Віктор Янукович）與親西歐派的尤申科（Віктор Ющенко）單挑競選。

十一月二十一日的開票結果是由亞努科維奇當選，但主流輿論認定這場選舉涉嫌舞弊，於是在十二月二十六日重新投票，最後確定是尤申科勝選。當時烏克蘭人民揮舞著橘色的旗子、連圍巾也統一佩戴橘色，上街抗議選舉不公，因此這場行動又稱作「橘色革命」。

二〇〇四年，波羅的海三國、波蘭、捷克、斯洛伐克、匈牙利、斯洛維尼亞加入歐盟（EU），烏克蘭也在二〇〇五年表態有意加入。二〇〇七年，保加利亞和羅馬尼亞加盟，二〇一三年克羅埃西亞也加入。

克里米亞是俄羅斯自古的領土？

二〇一〇年當選為烏克蘭總統的亞努科維奇，在二〇一三年準備與歐盟簽署政治經濟合作協定前夕反悔，轉而宣布要加強與俄羅斯合作。反對回歸俄羅斯的烏克蘭人民發起示威抗議，演變成大規模的反政府運動。翌年二月，烏克蘭政府與示威民眾在基輔爆發衝突，亞努科維奇無法平息人民的怒火，直接叛逃至俄羅斯。

俄羅斯因此發起軍事行動，普丁聲稱「克里米亞半島自古即是俄羅斯領土」，派俄軍從烏克蘭東部入侵克里米亞半島。不到一個月，克里米亞半島成立了親俄政權，併入俄羅斯領土。

烏克蘭幾乎無法抵抗俄軍敏捷的行動，許多國營企業都被俄羅斯接管。美國、英國、德國雖然都嚴厲譴責俄羅斯，但為了避免開戰而沒有更進一步的軍事行動。

二〇二二年的俄烏戰爭

儘管俄羅斯被告上了國際法庭，卻不予理會，直接併吞了克里米亞半島。到了二〇一九年，主張與西歐友好的反俄派人士澤倫斯基（Володимир Зеленський）當選總統，烏克蘭逐步強化軍事國防。

二〇二一年三月，澤倫斯基頒布法令，宣布準備收復克里米亞半島。對此，普丁在七月發表論文《關於俄羅斯人和烏克蘭人的歷史統一》作為反擊。而且，俄羅斯認為烏克蘭一旦加入北約，將會導致對俄羅斯的安全威脅擴大，於是在俄烏邊界與同盟國白俄羅斯共同進行軍事演習。

二〇二二年二月，俄羅斯以烏克蘭政府軍在追求獨立的烏東二州大屠殺為由，發起特

2022年的烏克蘭

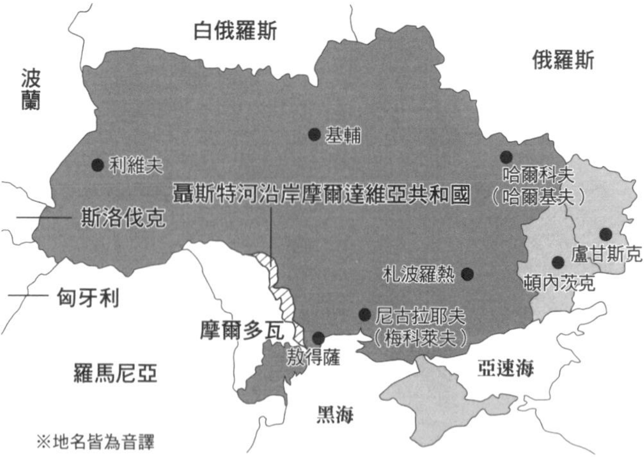

※地名皆為音譯

別軍事行動、點燃了戰火。

東歐的立場

美國及許多國家在開戰後便強烈抨擊俄羅斯。這裡就來簡單介紹東歐各個國家的反應和動向。

與烏克蘭接壤的波蘭痛批俄羅斯，積極提供武器支援烏克蘭並收容難民。波蘭過去曾多次與俄羅斯交戰，警覺心與對俄羅斯的恨意堪稱東歐之首。

位於波蘭北方、過去屬於蘇聯的波羅的海三國也加強戒備。愛沙尼亞和立陶宛境內，有北約國家空軍可以使用的軍事機場，在俄羅斯入侵烏克蘭以前就已經配備了戰機。

捷克總統雖然與普丁交情甚篤，但也嚴厲抨擊俄羅斯的侵略行動，為烏克蘭提供武器。斯洛伐克總理譴責這是「俄羅斯帝國主義復辟」，並提共戰機支援烏克蘭。

羅馬尼亞也撻伐俄羅斯的軍事行動，答應配合北約軍以對抗俄羅斯。由於羅馬尼亞邊界與烏克蘭相鄰，因此也接受難民入境。

羅馬尼亞的鄰國摩爾多瓦，雖然境內包含親俄地區聶斯特河沿岸，但政府也批評俄羅斯的行動，並加強戒備國內親俄勢力的動向。

與烏克蘭接壤的匈牙利並不想涉入戰爭，拒絕為澤倫斯基提供武器支援，但願意接納烏克蘭難民。保加利亞同樣譴責俄軍侵略烏克蘭，但也不願輕易提供武器。

東歐唯一一個立場迴異的國家是白俄羅斯，從一開戰就全力支持俄羅斯。雖然白俄羅斯不曾侵略烏克蘭，但已被全世界視為「俄羅斯的共犯」。

渴望加入歐盟的前南斯拉夫國家

塞爾維亞因為有許多民族獨立建國、失去過往榮耀，加上在科索沃戰爭中遭受北約軍空襲轟炸，所以採取親俄立場，但在現實層面卻期望加入歐盟，因此政府對俄烏戰爭不予置評。

斯洛維尼亞表態願意收容難民，但過去曾經對阿富汗等非歐洲國家的難民有差別待遇，招致批判。

已加入歐盟的克羅埃西亞譴責俄羅斯，總理在戰爭開始以後就親自訪問基輔、與澤倫斯基會談。

阿爾巴尼亞在二〇二二年一月成為聯合國非常任理事國，痛批俄羅斯侵略烏克蘭的行動。北馬其頓也認為俄羅斯威脅到周邊安全，試圖強化與西歐國家的合作關係。蒙特內哥羅、波士尼亞與赫塞哥維納也都秉持相同的立場，期望加入歐盟。

無人能阻止戰爭？

俄烏戰爭爆發後，西歐國家、美國、加拿大、日本等國都宣布對俄羅斯實施經濟制裁。只要俄羅斯失去歐美的進口物資，就難以繼續作戰，然而戰火至今尚未平息。

原因在於除了美國和加拿大以外，多數國家都需要從俄羅斯進口天然氣等資源和農產品，所以無法徹底與俄羅斯斷絕往來。

此外，北約軍只有在成員國遇襲時才能出兵反擊，現階段烏克蘭並不屬於北約，所以無法出面阻止俄軍侵略。而且北約內部傾向於不直接與俄羅斯開戰，也有國家不希望烏克蘭加入，以免刺激到俄羅斯。況且，俄羅斯也沒有攻擊提供武器支援烏克蘭的國家。

而在負責解決國際糾紛的聯合國安全理事會中，只要作為常任理事國的俄羅斯投反對票，就無法通過任何議案，所以無法阻止戰爭。由此可見聯合國對此根本無能為力。

即使有眾多指揮官和士兵傷亡、戰爭經費高於國家預算，俄羅斯仍堅持繼續作戰。

北約加盟國（2022年末）

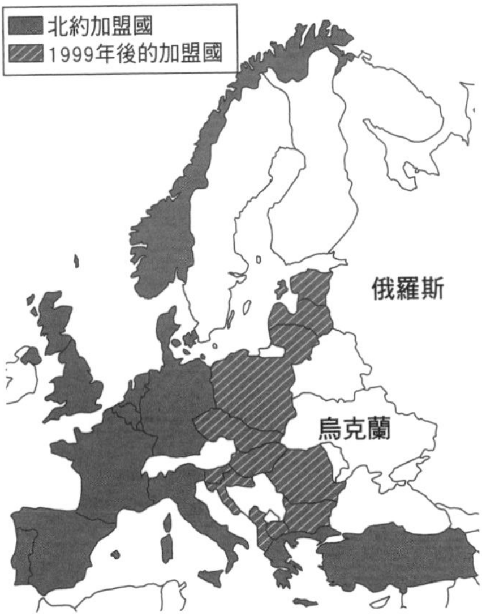

烏克蘭也用盡了所有外國支援的無人機和最新飛彈來抗戰，但目前依然看不見任何一絲戰爭終結的曙光。

東歐的歷史 年表

這份年表是以本書提及的東歐歷史為中心編寫而成。

配合下半段的「世界與日本歷史大事紀」，可以更深入理解。

年代	東歐大事紀	世界與日本大事紀
106	羅馬帝國占領達契亞（羅馬尼亞）	日本 倭國王帥升向東漢獻上一六〇人（107）
375	日耳曼人開始遷徙	日本 百濟賜予倭國七支刀（372）
476	西羅馬帝國滅亡	日本 倭王武向宋順帝獻上表（478）
600前後	西斯拉夫人開始遷徙	世界 開辦科舉考試（598）
620前後	薩莫王國成立	世界 東羅馬帝國將希臘語作為官方語言（620）
640前後	塞爾維亞人定居巴爾幹半島中部	世界 伊斯蘭帝國成功征服敘利亞（640）
680前後	保加利亞第一帝國成立	世界 丕平二世開始治理法蘭克王國（687）
830前後	大摩拉維亞公國成立	日本 撰著《令義解》（833）
840前後	波蘭開創皮雅斯特王朝	世界 法蘭克王國分裂（843）
862	基輔大公國成立	日本 僧侶行教創建石清水八幡宮（860）

863	基里爾和美多德傳播基督教	日本 富士山發生貞觀大噴發（864）
900前後	捷克開創普熱米斯爾王朝	日本 菅原道真被貶至大宰府（901）
924	克羅埃西亞王國成立	世界 英格蘭王國建國（927）
962	神聖羅馬帝國成立	世界 宋朝創立（960）
997	史蒂芬一世統一匈牙利	世界 喀喇汗國消滅薩曼王朝（999）
1019	基輔大公國進入鼎盛期（～1054）	日本 藤原道長擔任攝政（1016）
1168	斯特凡・尼曼雅統一塞爾維亞	日本 平清盛就任太政大臣（1167）
1240	亞歷山大・涅夫斯基與瑞典交戰	世界 南宋聯合蒙古滅金（1234）
1241	萊格尼察戰役	日本 北條時賴就任第五代執權（1246）
1331	中世紀塞爾維亞進入鼎盛期（～1355）	世界 莫斯科大公國建國（1328）
1346	波希米亞國王卡雷爾一世即位	世界 紅巾軍起義（1351）
1386	波蘭開創雅蓋隆王朝	世界 溫瑟條約（1386）
1389	科索沃戰役	日本 足利義滿統一南北朝（1392）
1410	坦能堡之戰	日本 首度有大象從南蠻來到日本（1408）
1415	處死揚・胡斯	世界 航海家恩里克征服休達（1415）

年代	東歐的歷史年表	世界與日本歷史大事紀
1419	胡斯戰爭（～1436）	世界 明成祖遷都北京（1421）
1453	東羅馬帝國滅亡	世界 英法百年戰爭結束（1453）
1462	莫斯科大公伊凡三世即位	日本 爆發應仁之亂（1467）
1525	普魯士公國成立	世界 科特斯征服墨西哥（1521）
1526	摩哈赤戰役	世界 騎士暴動開始（1522）
1529	第一次維也納之圍	世界 康布雷條約（1529）
1558	立窩尼亞戰爭	日本 桶狹間之戰（1560）
1569	立陶宛與波蘭成立共主邦聯	日本 室町幕府滅亡（1573）
1613	俄羅斯開創羅曼諾夫王朝	日本 大坂夏之陣（1615）
1618	三十年戰爭（～1648）	世界 克卜勒發表「第三定律」（1619）
1683	第二次維也納之圍	世界 英國光榮革命（1688）
1699	卡洛維茨條約	世界 俄羅斯調查太平洋（1697）
1700	大北方戰爭（～1721）	世界 西班牙王位繼承戰爭（1700～1713）
1733	波蘭王位繼承戰爭（～1738）	世界 新大陸成立十三殖民地（1732）

1740	奧地利王位繼承戰爭（~1748）	世界 法王路易十五開始親政（1743）
1772	第一次瓜分波蘭	世界 美國獨立宣言（1776）
1793	第二次瓜分波蘭	世界 法國大革命戰爭開始（1792）
1795	第三次瓜分波蘭	世界 拿破崙遠征埃及（1798）
1807	華沙公國成立	世界 神聖羅馬帝國滅亡（1806）
1812	華沙公國滅亡	世界 維也納會議（1815）
1829	亞德里亞堡和約	世界 天主教解放法案（1829）
1830	塞爾維亞得以完全自治	世界 發生法國七月革命（1830）
1848	科蘇特在匈牙利起義	世界 法蘭西第二共和國成立（1848）
1856	克里米亞戰爭	日本 培里來航浦賀（1853）
1867	奧匈帝國成立	日本 明治時代開始（1868）
1877	俄土戰爭	日本 西南戰爭（1877）
1908	奧地利併吞波士尼亞與赫塞哥維納	日本 日韓合併（1910）
1912	第一次巴爾幹戰爭	世界 中華民國成立（1912）
1913	第二次巴爾幹戰爭	世界 袁世凱占領南京（1913）

年代	東歐的歷史年表	世界與日本歷史大事紀
1914	第一次世界大戰（～1918）	世界 巴拿馬運河開通（1914）
1917	俄羅斯發生二月革命、十月革命	世界 美國向德國宣戰（1917）
1918	塞爾維亞人、克羅埃西亞人和斯洛維尼亞人王國成立	世界 德意志帝國滅亡（1918）
1919	波蘭恢復獨立，匈牙利發生蘇維埃革命	世界 巴黎和會（1919）
1922	蘇聯成立	日本 發生關東大地震（1923）
1932	烏克蘭大饑荒（～1933）	日本 九一八事變（1931）
1938	慕尼黑協定	日本 發生二二六事件（1936）
1939	德國和蘇聯瓜分波蘭，第二次世界大戰爆發	世界 德軍無血占領巴黎（1940）
1941	德蘇戰爭	日本 珍珠港事件（1941）
1943	史達林格勒戰役	世界 開羅宣言（1943）
1944	蘇聯軍進攻東歐	世界 第二次世界大戰結束（1945）
1947	共產黨和工人黨情報局成立	世界 印度與巴基斯坦分裂獨立（1947）
1948	共產黨和工人黨情報局排除南斯拉夫	世界 第一次以阿戰爭（1948）
1953	史達林去世	世界 舊金山和約生效（1952）

1956	批判史達林，匈牙利革命，波茲南事件	世界 美國進行氫彈試爆（1954）
1968	布拉格之春	世界 越南戰爭（1965~1973）
1975	歐洲安全與合作會議	日本 洛克希德事件（1976）
1977	捷克斯洛伐克頒布「七七憲章」	世界 蘇聯進攻阿富汗（1979）
1980	「團結」在波蘭發跡，狄托去世	世界 兩伊戰爭（1980~1988）
1985	蘇聯開始實施經濟改革	世界 G5峰會發表廣場協議（1985）
1989	東歐民主化（~1990）	世界 拆除柏林圍牆（1989）
1991	蘇聯解體，南斯拉夫解體，波羅的海三國獨立	世界 波斯灣戰爭（1991）
1992	波士尼亞戰爭（~1995）	日本 頒布PKO協力法（1992）
1993	捷克與斯洛伐克分裂	日本 結束五五年體制（1993）
1998	科索沃戰爭	世界 香港回歸中國（1997）
2000	普丁就任俄羅斯總統	世界 美國發生多起恐攻事件（2001）
2006	蒙特內哥羅獨立	世界 發生雷曼兄弟金融風暴（2008）
2014	俄羅斯併吞克里米亞半島	世界 ISIL宣布成立「伊斯蘭國」（2014）
2022	俄羅斯侵略烏克蘭	日本 前首相安倍晉三遭暗殺（2022）

参考文獻

『新版　東欧を知る事典』（平凡社）
『新版　ロシアを知る事典』（平凡社）
『世界各国史　東欧史』梅田良忠編集（山川出版社）
『新版世界各国史　バルカン史』柴宜弘編集（山川出版社）
『新版世界各国史　ドナウ・ヨーロッパ史』南塚信吾編集（山川出版社）
『新版世界各国史　ポーランド・ウクライナ・バルト史』伊東孝之、井内敏夫、中井和夫編集（山川出版社）
『新版世界各国史　ロシア史』和田春樹編集（山川出版社）
『世界現代史　バルカン現代史』木戸蓊（山川出版社）
『世界現代史　ポーランド現代史』伊東孝之（山川出版社）
『民族の世界史　スラブ民族と東欧ロシア』森安達也編（山川出版社）
『世界の歴史　ロシアとソ連邦』外川継男（講談社）
『世界の歴史　ビザンツと東欧世界』鳥山成人（講談社）
『図説　バルカンの歴史』柴宜弘（河出書房新社）
『図説　ハンガリーの歴史』南塚信吾（河出書房新社）
『図説　チェコとスロヴァキアの歴史』薩摩秀登（河出書房新社）
『図説　ハプスブルク帝国』加藤雅彥（河出書房新社）
『図説　ロシアの歴史』栗生沢猛夫（河出書房新社）
『図説　ソ連の歴史』下斗米伸夫（河出書房新社）
『国際情勢ベーシックシリーズ　東欧』百瀬宏、今井淳子、柴理子、高橋和（自由国民社）
『叢書東欧　東欧の民族と文化』南塚信吾編（彩流社）
『東欧近代史』R・オーキー著／越村勲、田中一生、南塚信吾訳（勁草書房）
『東欧の20世紀』高橋秀寿、西成彦（人文書院）
『中東欧の政治』仙石学（東京大学出版会）
『東欧革命1989』ヴィクター・セベスチェン著／三浦元博、山崎博康訳（白水社）
『東欧・旧ソ連の国々』池上彰（小学館）
『世界史リブレット　バルカンの民族主義』柴宜弘（山川出版社）
『世界史リブレット　東欧世界の成立』細川滋（山川出版社）
『バルト三国史』鈴木徹（東海大学出版会）
『環バルト海』百瀬宏、志摩園子、大島美穂（岩波新書）
『リトアニア』畑中幸子、ヴィルギリウス・チェパイティス（中央公論新社）
『奪われた祖国ポーランド』スタニスワフ・ミコワイチク著／広瀬佳一、渡辺克義訳（中央公論新社）
『物語　ポーランドの歴史』渡辺克義（中公新書）
『ハプスブルクとオスマン帝国』河野淳（講談社選書メチエ）
『ハンガリーの改革』南塚信吾（彩流社）
『ユーゴスラヴィア史』マルセル・ドゥ・ヴォス著／山本俊朗訳（白水社）
『バルカンの心　ユーゴスラビアと私』田中一生（彩流社）
『現代マケドニア考』芦沢宏生（中央大学出版部）
『ブルガリアの歴史』R・J・クランプトン著／高田有現、久原寛子訳（創土社）
『トランシルヴァニア』コーシュ・カーロイ著／田代文雄監訳（恒文社）
『ルーマニアを知るための60章』六鹿茂夫編（明石書店）
『ロシア革命と東欧』羽場久浘子（彩流社）
『ベラルーシ』早坂眞理（彩流社）
『物語　ウクライナの歴史』黒川祐次（中公新書）
『ウクライナ侵略戦争　岩波「世界」臨時増刊』（岩波書店）
『ロシアとシリア』青山弘之（岩波書店）
『「帝国」ロシアの地政学』小泉悠（東京堂出版）
『地図で見るバルカン半島ハンドブック』アマエル・カッタルッツァ、ピエール・サンテス著／太田佐絵子訳（原書房）
『地図で見るロシアハンドブック』パスカル・マルシャン著／太田佐絵子訳（原書房）
『世界地名の旅』蟻川明男（大月書店）

［作者］

関真興

1944年出生於日本三重縣，東京大學文學部畢業，曾擔任駿台補習班世界史科講師，現為專職作家。著有《30の戦いからよむ世界史（上）（下）》、《キリスト教からよむ世界史》、《極簡美國史》、《極簡德國史》、《極簡俄羅斯史》、《極簡土耳其史》、《極簡巴西史》等多本著作。

編集・構成／造事務所
設計／井上祥邦（yockdesign）
插畫／ suwakaho
文字／佐藤賢二、奈落一騎
照片／ Shutterstock、写真 AC

極簡東歐史

出　　版／楓樹林出版事業有限公司
地　　址／新北市板橋區信義路163巷3號10樓
郵政劃撥／19907596　楓書坊文化出版社
網　　址／www.maplebook.com.tw
電　　話／02-2957-6096
傳　　真／02-2957-6435
作　　者／関真興
翻　　譯／陳聖怡
責任編輯／林雨欣
內文排版／謝政龍
港澳經銷／泛華發行代理有限公司
定　　價／350元
出版日期／2024年7月

國家圖書館出版品預行編目資料

極簡東歐史 / 関真興作 ; 陳聖怡譯. -- 初版. -- 新北市 : 楓樹林出版事業有限公司, 2024.07　面；　公分
ISBN 978-626-7499-02-3（平裝）
1. 東歐史
740.73　　113007708